Wolfgang Wagner
Medizinische Ernährung A-Z

Wolfgang Wagner

Medizinische Ernährung A – Z

À la carte > Diät > per Sonde > via ZVK

Eine kleine Vorlesung für Alle

© Dr. Wolfgang Wagner
dr.wagnerwolfgang@gmx.de
Facharzt für Innere Medizin in der
Medical Park Fachklinik für Neurologie Bad Camberg
Mühllachenring 22
D-65597 Hünfelden/Ts.

Verlag und Druck: tredition GmbH, Grindelallee 188
20144 Hamburg

ISBN
Paperback: 978-3-7439-3475-7
Hardcover: 978-3-7439-3476-4
e-Book: 978-3-7439-3477-1

gewidmet
meiner lieben Familie

Inhalt (S.)

Inhalt (S.)

Woher kommt dieses Büchlein?

Die Wissenschaft, sie ist und bleibt, was einer ab vom andern schreibt! Dieser scheinbar boshafte Spruch, den ich vor Jahren in einer Karikatur gelesen habe, trifft, frei heraus gesagt, auch für dieses Schriftstück zu. Aber ich habe ja nicht vor, die *Wissenschaft zu mehren,* und außerdem: Wirklich jedes heutige Werk ruht auf den Schultern vieler Vorgänger. Auch wer sehr fleißig forscht, kann in seinem Leben nur wenige – sagen wir mal: 25 – Fragen lösen. Daraus folgt: Die Verfasser großer Handbücher haben den Text zum übergroßen Teil auch „nur" zusammengetragen. Aber allein das ist eine enorme Leistung! Oft lässt sich nicht mehr ermitteln, wer eine heute scheinbar triviale Aussage wie „Mehrfach ungesättigte Fettsäuren sind gesund!" zuerst getroffen hat. Vieles wurde im Lauf der Jahre einfach zu Allgemeinwissen. – *250 Seiten* hat mein Büchlein nicht einmal, es greift aber auf mehr als *2.500 Seiten* Literatur zurück. Diese nennt Quellen von überschlägig *25.000 Seiten,* die wiederum ... Mein Anspruch ist, aus diesem *endlosen Wissensschatz* das Wichtigste herauszufiltern. Meine Absicht ist, Ihnen viel pragmatische Anleitung zu geben. Natürlich kann ich nicht alles, was medizinische Ernährung heißt, beschreiben; niemand kann das. Mein Mut für dieses Opusculum ruht auf 30 Jahren Arbeit als Facharzt im Krankenhaus. Die *Inspiration* zum Schreiben war rasch abgetan – das Feilen an Wort und Satz aber, die *Transpiration,* zog sich über Jahre. Wundern Sie sich bitte nicht, wenn Überschriften im Text vom Inhaltsverzeichnis abweichen, das hat Methode. Auf nur wenig Theorie folgt viel Praxis. Lesen Sie langsam. Jeder Satz ist gesättigt mit Information!

Fortgeschrittene Medizinsemester finden hier für die ersten Gehversuche in der Klinik alles Nötige. Wer bereits als junger Krankenhausarzt arbeitet, lernt hier alles, was ihn dort nicht systematisch gelehrt werden kann. Auch wer in der zentralen Aufnahme oder „Intermediate care"-Station arbeitet, löst mit diesem Buch alle seine Ernährungsfragen. Viele niedergelassene Ärzte haben über Sonde oder Port ernährte Kranke zu versorgen. Auch sie werden finden, was sie dazu brauchen. Intensivmediziner und Kinderärzte werden manches vermissen, aber alles, was sie hier lesen, wird ihnen nützen, nicht nur den Fachanfängern. Seltene Krankheiten wurden nicht aufgenommen, hier lese man die Spezialliteratur. Alle Fachkräfte, die zusammen das Ernährungsteam eines Hauses bilden, können das Buch gut für ihre Arbeit benutzen, denn für Assistenz- und Pflegepersonal ist die Lektüre ebenfalls gedacht. Auch Angehörige künstlich ernährter Kranker oder Betroffene selbst finden hier Rat. Und nicht zuletzt bietet das Büchlein allen Menschen eine wissenschaftlich gut begründete Orientierung in dem Irrgarten namens „gesunde Ernährung" mit dem Ziel, ihnen die Freude am vielfältigen Essen zu erhalten oder wieder zu geben! Ein Fachwörterbuch ist kaum nötig. Leicht Schreiben ist nicht leicht. Ich habe versucht, mich so auszudrücken wie ich eigentlich *sprechen* sollte: wie in einer Vorlesung. Lesen Sie sich das Buch selbst vor!

Bei der Lektüre begleiten Sie einen Kranken, der an einem schönen Frühstücksbuffet beginnt, dann aber alle Abstiege bis zur zentralvenösen Ernährung durchstehen muss. Sie folgen ihm aus der Klinik in die Rehabilitation, Sie erleben ihn daheim oder im Pflegeheim. Jede dieser Stationen ist ja ein Kranken-Haus mit Eigenheiten, die es zu kennen lohnt. Jedes Kapitel beginnt mit einer Frage. Formulieren Sie eine Antwort, bevor Sie anfangen zu lesen. Fällt sie anders aus als meine, lassen Sie es mich wissen! Jede Erkenntnis gilt nur vorläufig. *„Woas gestern riechdig woar, is heut saudumm! Dös heußt man den Fortschried der Wissenschaft und kost fiel Gäld."* So alt dieser Satz ist, Ludwig Thoma schrieb ihn vor 100 Jahren, so wahr ist er noch heute. Der Fortschritt nimmt kein Ende, auch wenn schon vor 25 Jahren die *„Postmoderne* Ernährung" (Furtmayr-Schuh, 1993) ausgerufen wurde. Was sich heute alles unter diesem Motto tummelt, konnte die Autorin damals nicht ahnen.

Statt mit Endlosgliederungen à la „1.4.2.9" wird hier nach Hauptkapiteln und fett gedruckten Wörtern gegliedert. Das medizinisch Wichtige wird ab und zu durch Kursives angehalten und kommentiert, manchmal auch mild ironisch. Der Eilige kann das getrost übergehen, zustimmen muss dem keiner. Schreibe ich Arzt, heißt das auch Ärztin und vice versa. Ein Sachtext ist ein ... und keine Arena für Genus-Gerangel.

Weniges lesen Sie doppelt. Das habe ich bewusst belassen: Es soll helfen, dieses Thema zu behalten. Im Anhang stehen *Handelspräparate* zu allen hier genannten Ernährungssubstraten, damit den abstrakten Begriffen Leben eingehaucht wird. Die Auswahl ist subjektiv, aber, das versichere ich Ihnen, sie ist von keinem Hersteller irgendeines genannten Produkts beeinflusst. Wer im Anhang seine „Hausmarken" einträgt, wird rasch lernen, was hinter den Firmennamen steckt.

Mein früherer Ober- und späterer Chefarzt im Institut für Anästhesie und Intensivmedizin in der damaligen Stadtklinik Baden-Baden, Dr. Klaus van Deyk, hat das Manuskript kritisch und mit guten Anregungen durchgesehen. Vielen lieben Dank dafür! – Das Ende dieses Präludiums erinnert an einen prominenten Vegetarier, Albert Einstein. Voll Understatement hat er einmal gesagt, in seinem Leben sei er eigentlich nur auf *eine* gute Idee gekommen. Nun kann ich mich in wirklich nichts mit A.E. messen. Sollten Sie aber hier auf nur einen Gedanken stoßen, der Ihnen bisher völlig unbekannt war, dann wäre ich glücklich!

Wolfgang Wagner

Natürlich habe ich in den hier zitierten Quellen nicht jedes Wort lesen können. Ihr Vertrauen in meine Auswahl wird hoffentlich dennoch nicht enttäuscht. Dieses Vertrauen muss besonders groß sein bezüglich dem, was ich weggelassen habe. In jedem Text spielt die Entscheidung „Was schreibe ich nicht?" eine große Rolle: Jede Werbung beweist es. Vieles habe ich anzeigenfreien Monatszeitschriften entnommen. Immer zu empfehlen sind Leitlinien. Sie können wohl quälend lang ausfallen, aber sie alle sind doch Goldgruben. Wer was Erfrischendes „gegen den Mainstream" liebt, lese Udo Pollmer, leider gelten seine Thesen nur für Gesunde ... Für alle Quellen ist nur der erste Autor angeführt; auch die Standorte der Verlage habe ich weggelassen. Viele Artikel stehen im Volltext im Internet.

Akinnusi ME (2008): Effect of obesity on intensive care morbidity and mortality. Crit Care Med 36: 151

Aune D (2016): Whole grain consumption and risk of cardiovascular diseases. Metaanalysis of proscpective studies. BMJ: 353

Australian Diabetes Society (2012): Perioperative diabetes management guidelines. Volltext im www, 30 S.

Biesalski HK (2010): Ernährungsmedizin. Thieme

Bischoff SC (2013): S3-Leitlinie der DGEM „Künstliche Ernährung im ambulanten Bereich". Aktuel Ernährungsmed 38: e101

Bolland MJ (2015): Calcium intake and risk of fracture. BMJ 351: h4580

Bundesärztekammer/Kassenärztl. Bundesvereinigung/AWMF (2014): Nationale Versorgungsleitlinie Therapie des Typ-2-Diabetes

Bundesministerium Soziales und Gesundheit (2013): www.bmsg.bund/de/download/richtlinienenteraleernährung.pdf

Dahlem KM (2011): Vitamine und Nahrungsergänzungsmittel in der Prävention kardiovaskulärer Ereignisse. Arzneimitteltherapie 7/8: 218

Furtmayr-Schuh A (1993): Postmoderne Ernährung. TRIAS

Gießelmann K (2016): Die ersten 1.000 Tage entscheiden. Bericht der WHO „Ending childhood obesity". Dtsch Ärzteblatt 43: 1617

Joslin Diabetes Center and Joslin Clinic Boston (2015): Guidelines for inpatient management of surgical and ICU patients with diabetes. www, 13 S.

Kasper H (2014): Ernährungsmedizin und Diätetik. Urban u. Fischer

Keller J (2013): Funktionelle Magen-Darm-Erkrankungen. Internist 54: 1337

Krabbe B (2016): Bridging antikoagulierter Patienten.
Dtsch Med WSchr 141: 157

Kreymann G (2008): DGEM-Leitlinien Ernährung. Thieme

Mayer K (2011): Ernährung in der Intensivmedizin.
Dtsch Med WSchr 136: 1180

Mössner J (2015): Motilitätsstörungen des Gastrointestinaltrakts.
Internist 55: 613

NN (2014): Nahrungstabellen für Niereninsuffizienz. www.fet-ev.eu

NN (2016): www.aerzteblatt.de/nachrichten/66316.
Ernährung. Alte Studie neu entdeckt. Darin Link zum
BMJ vom 12.4.2016, Editor's letter

Pfeiffer FH (2014): Therapie des Diabetes mellitus Typ 2.
Dtsch Ärzteblatt 5: 69

Pollmer U (2016): Mahlzeit! Wochenkolumne zur Ernährung.
www.deutschlandradiokultur.de/mahlzeit/archiv

Prosiegel M (2014): Diagnostik und Therapie neurogener Schluckstörungen.
Der Neurologe und Psychyiater 9: 42

Roeb E (2015): Leitlinie Diagnose und Therapie der Fettleber. awmf

Rümelin A (2013): Ernährung des Intensivpatienten. Springer

Schauer PR (2017): Bariatric surgery versus intensive medical therapy
for diabetes – 5-year outcomes. N Engl J Med 376: 641

Schlereth F (2016): Vitamin D. Mehr als ein Knochenhormon. Internist 57: 646

Seifart U (2016): Krebs und Lebensstil. Internist 57: 55

Teichgräber U (2011): Portsysteme. Dtsch Ärzteblatt 9: 147

Thomas G (2012): Inpatient treatment of type 2 diabetes.
Dtsch Aerztebl Int 109: 466

Wagner R (2007): Arzneimittelgabe über Sonden. Pfrimmer

Willert C (2017): Brot und Salz. Pers. Mittlg.

Ist Ernährung wirksame Medizin? 03

Schon vor 300 Jahren erkannte der französische Schriftsteller und „Gastrosoph" Jean de la Bruyère: „Es gibt nichts, was die Menschen mehr schätzen, aber weniger pflegen als ihre Gesundheit!" Gilt das auch heute noch? Laut Umfragen ist den meisten Männern und vor allem den Frauen Gesundheit das höchste Gut. Trotzdem essen und trinken viele Menschen unverändert drauflos, als ob sie noch nie etwas vom „Selbstmord mit Messer und Gabel" gehört hätten. Trotz aller Aufklärung, trotz Sportstudios an jeder Ecke wächst auch bei uns die Zahl der zu Dicken weiter. Aber auch die Gegenbewegung wächst, teils besonnen, teils fanatisch, indem ihre Vorkämpfer erst sich selbst und dann dem verstörten Publikum immer neue „Verbote" auferlegen wollen, indem sie aus Essen mit Verstand ihren alleinbeherrschenden Lebensinhalt machen. Das ist so schlimm wie das Verhalten der Dicken. Bleiben Sie, verehrte Leser, doch lieber ein wenig „magenweise" wie obiger Jean: Ernährung soll nicht zur minimalistischen Substrateinfuhr werden. Natürlich ist jeder völlig frei, wie er leben, also auch essen und trinken will. Wie immer gilt: Alles hat seinen Preis. Dennoch soll Essen auch eine Freude sein, ganz besonders für Kranke!

Im Krankenhaus wird von der Blutprobe bis zur größten Operation alles nach bestmöglichen *Regeln* gehandhabt. Diese beruhen leider oft nur auf übereinstimmender *Erfahrung* von Experten. So wertvoll diese auch sein mag – sie genügt bei weitem nicht der höchsten Stufe für eine durch *Studien* gesicherte, unbestrittene Empfehlung, heute *Evidenz* genannt. Aber die Zahl dieser Empfehlungen ist bereits groß und sie wächst täglich in der wissenschaftlichen Medizin. Die mit enormem Aufwand erarbeiteten *Leitlinien* sind derart gut gesichert, dass man nur mit einer klaren Begründung von ihnen abweichen darf.

Vor dreißig Jahren blieb ein Kranker in der „Inneren" drei Wochen, und viel zu oft erhielt er nur lieblose Kantinenkost. Ernährung im Krankenhaus war ein Stiefkind. 2017 betrug die mittlere Verweilzeit im Akuthaus nur noch knapp *eine* Woche. Ernährung im Krankenhaus ist nun scheinbar wirklich nicht mehr wichtig: „Die paar Tage ...". Die Ernährung Kranker spielt sich weiterhin eher am Rand ab. Sie wird kaum dokumentiert und bleibt, intravenöse Ernährung ausgenommen, Sache des Pflegepersonals. Kaum ein ärztlicher Bericht schafft es, das *Aufnahme- und Entlassungsgewicht* aufzuführen, auch nicht bei Intensiv-Kranken. „Ernährungszustand auffällig!" sieht man im Akuthaus aber häufig: Jeder Zweite ist bei Aufnahme übergewichtig, jeder Vierte ist mangelernährt und zwei von drei Alten sind beides zugleich. Je schwerer eine Erkrankung ist, desto wahrscheinlicher wird ein ungewollter

Gewichtsverlust! Die Lehre daraus lautet: Wer sehr krank ist, muss auch bei kurzem Aufenthalt kunstgerecht ernährt werden. Kranke sollen im Akuthaus keinesfalls abnehmen. Als Kranker zunehmen zu müssen, ist oft schwer, und in der Klinik fast unmöglich.

Der Medizinische Dienst der Krankenkassen, das sind sozialmedizinisch versierte Ärzte, welche die Krankenkassen beraten, ist unter dem Kürzel MDK oft zu gut bekannt. Er hat in Deutschland Recht auf Einsicht in die Unterlagen der Krankenhäuser, also auch in die Ernährung. Nun hält der MDK den *aktuellen* **Body-Mass-Index** (BMI) des Kranken für den Beleg einer „guten Ernährung in letzter Zeit". Damit steht der MDK im Gegensatz zum Klinikarzt: Denn den muss jeder *ungewollte* Gewichtsverlust des Kranken „in letzter Zeit" aufhorchen lassen, auch wenn der BMI noch normal oder sogar erhöht ist. Ungewollter Gewichtsverlust im Krankenhaus belegt eine dortige Mangelernährung. Diese aber bedeutet: Dem raschen Abbau vieler Eiweiße, scheinbar unbedeutend, weil unsichtbar, folgen scheinbar plötzlich, dann aber nicht mehr übersehbar, Wassereinlagerung, Muskelschwund, Dekubitus und Infekte. Sie sind der letzte Grund für die verlängerte Verweildauer im Krankenhaus und die erhöhte Sterberate, bloß weil der Kranke unzulänglich ernährt wurde.

Früher konnte jedes Kind sein Normalgewicht nach der „Broca"-Formel einfach im Kopf ausrechnen: „Größe (cm) minus 100 = Normalgewicht (kg)". Das musste längst dem Körper-Massen-Index BMI, schon 1832 erfunden, weichen. Seine merkwürdige Einheit „kg/m² (Kilogramm pro Längenmeter zum Quadrat) wird regelmäßig unterschlagen. Mit dem BMI lassen sich einfach, wenn auch etwas grob, viele Gewichtsklassen bilden: Untergewicht (< 20), Normalgewicht (bis 25), Übergewicht (bis 30), Adipositas/Fettsucht I° (bis 35) und-so-weiter, für Frauen ist der BMI um „1" kleiner. Die Skala ist nach oben nicht ausdefiniert, der dickste Mensch „ever alive" starb 2014 mit wirklich unfassbaren 597 kg.

Wie gut oder wie schlecht der BMI das Lebens-, Gesundheits- oder gar Sterberisiko seines Inhabers ausdrückt, ist anhaltend und teils heftig umstritten. Dieses Risiko, nur das wird ja heute noch beäugt, hängt zum Glück bei weitem nicht alleine vom BMI ab, sondern auch vom Schicksal der Vorfahren, den Genen also, von Geschlecht, Alter, Alkoholkonsum, Rauchen, Blutdruck, körperlicher Verfassung, Muskelmasse, Sozialstatus, Gemütslage und von wer-weiß-noch-was ... Ach ja: auch von der Ernährung!

Jeder Arzt muss, im Ideal von einem Team unterstützt, der Ernährung der Kranken so viel Aufmerksamkeit widmen wie ihrer Medikation. Falsche oder ungenügende Ernährung kann zum Kunstfehler werden. Also muss der Arzt die Indikationen, die Wirkungen und, auch das noch, alle Nebenwirkungen von Essen oder Nichtessen kennen, denn:

Ernährung ist evidenzbasierte Medizin!

Was ist los im Stoffwechsel?   04

Seit 150.000 Jahren sind der Mensch und sein Stoffwechsel „fertig". Gleichgültig, was jemals als verzehrbar erkannt wurde – Verdauung und Stoffwechsel nehmen sich un-gerührt all dessen an als perfektionierte, wenn auch etwas störanfällige biochemische Maschine. Stoffwechsel ist neben der Fortpflanzung ein Kardinalkriterium des Lebens. Wir sind Kinder dieser Erde: Mehr als 40 der 94 natürlichen chemischen Elemente finden sich im Menschen wieder, selten so einfach wie beim Wasser als H-O-H, meist aber äußerst kunstvoll miteinander verknüpft.

Um zu leben, muss jede Zelle, muss jeder Organismus einen Betriebs- oder **Energiestoffwechsel** aufrecht erhalten. Verzehrte oder bevorrate-te Nährstoffe werden verbrannt (der Chemiker sagt: oxidiert), und diese Energie wird für Arbeit im Sinn der Physik (Bewegung), zur Syn-these neuer chemischer Verbindungen oder als Wärmequelle ver-braucht. Im **Strukturstoffwechsel** hingegen werden aus durch Ver-dauung der Nahrung gewonnenen „Bausteinen" neue Verbindungen: Glukose, Fettsäuren oder Aminosäuren werden neu verknüpft zu Gly-kogen (Kohlenhydratreserve, nur 400 Gramm), Triglyzeriden (Fettde-pots subkutan und, besonders ungut, viszeral: 10 bis 20 Kilogramm Fettreserve sind nicht mehr selten), Proteinen (größte Reserve: Musku-latur, sehr individuell), Hormonen, Organellen und letztlich zu neuen, lebensfähigen Zellen. Das beweist die Heilung einer Wunde auf's Schönste! Trotz höchst verschiedener Ernährung, historisch und aktuell weltweit, bleiben die Abläufe im Stoffwechsel und das „Innere Milieu", Homöostase genannt, gleich. Das liegt am sturen genetischen Pro-gramm der führenden Stoffwechselorgane Darmschleimhaut, Leber, Pankreas und Nieren im Bündnis mit einer Fülle von Enzymen und den Stoffwechsel steuernden Hormonen wie ACTH, Kortison, Insulin, Gastrin, Inkretinen, TSH und anderen mehr. Ebenfalls stur geht der eigentlich *doch* sehr flexible Stoffwechsel mit einem Kalorienüber-schuss, egal wodurch, um: „Alles Zuviel wird zu Fett!" Hierin liegt, salopp gesagt, der Hund begraben, der Milliarden überernährter Men-schen vorzeitig in ihr Grab bringen kann und ganzen Nationen Aber-milliarden an Kosten aufbürdet, die nicht sein müssten.

Isst ein Mensch nichts mehr, kann er (bei weiterer Flüssigkeitszufuhr) etwa 50 Tage durchhalten, denn im **Hungerstoffwechsel** ist der Ener-gieverbrauch minimal. Nach Verbrauch allen Glykogens, der einzigen Kohlenhydrat-Reserve von ca. 400 g in Leber und Muskeln, sinken

Insulin- und Blutzuckerspiegel auf ein Minimum. Aus den Fettdepots werden (dann *freie*) Fettsäuren mobilisert, das heißt Lipolyse. Der Mindestbedarf an Glukose von 80 bis 120 g/d für Gehirn, Erythrozyten und Nierenmark wird durch den Abbau von Muskelproteinen und die gesteigerte Synthese von Glukose in der Leber (aus Laktat und Pyruvat bzw. glukoplastischen Aminosäuren) gedeckt. Der Hungerstoffwechsel hat als Ziel, den Verlust von Eiweiß minimal zu halten. Die *Harnstoffausscheidung* im Urin, direktes Maß des Eiweißabbaus, sinkt, je nach vorheriger Eiweißzufuhr, von 10 g auf nur 1 g täglich ab. Auch der Harnstoff im Blut fällt unter 10 mg/dl, weit unter die Norm. Dem Hungernden bereiten der völlige Aufbrauch seiner Fettdepots und des Muskelgewebes sowie die zuletzt irreversibel verkümmerte Darmschleimhaut das Ende. Hungern ist hart. Rein biochemisch ist es eine permanente Unterforderung des Stoffwechsels: Alles läuft auf sparsamster Flamme. Im extremen Gegensatz dazu steht ein akuter, massiver Angriff, eine wirkliche Aggression auf die Gesundheit: Polytrauma, Sepsis, Operation, Herzinfarkt sowie Verbrennung, Pankreatitis und Peritonitis sind am häufigsten. Denn diese Attacken ändern den Stoffwechsel in wenigen Stunden dramatisch: Eine zu Urzeiten sinnvolle, der Medizin heute dagegen gefährliche Adrenalin-gesteuerte Stressreaktion setzt ein, um die *Verfügbarkeit* aller Nährsubstrate zu maximieren. Dieser **Post-Aggressionsstoffwechsel** (PAS) ist charakterisiert durch hohe Spiegel von Katecholaminen, Insulin und Glukose, aber: Die *Verwertung* der Glukose ist gehemmt. Viel Eiweiß wird abgebaut, leider auch aus unentbehrlichen, jedoch rasch mobilisierbaren Proteinen wie Immunglobulinen und Enzymen der Darmmukosa oder der Leberzellen sowie der Skelettmuskulatur. Zuletzt werden die Albuminvorräte angegriffen. Albumin ist das wichtigste großmolekulare Eiweiß und hält, wie ein trockener Schwamm, Wasser in den Blutgefäßen fest. Mit fallendem Albuminspiegel (Norm: etwa 3,5 g/dl) sinkt der von ihm erzeugte sog. plasmaonkotische Druck. Dann sickert Wasser durch die Wand der Kapillargefäße und durchtränkt das umliegende Gewebe: So entsteht das Eiweißmangel-Ödem. Es belastet frische Wunden, insbesondere Nahtverbindungen des Darms (Entero-Anastomosen), die daher reißen könnten. Im wasserüberladenen Lungengewebe (Fluid lung) wird die Diffusion von Sauerstoff, später auch von Kohlendioxid, äußerst erschwert, und das heißt Lebensgefahr durch Lungenversagen. Den Abbau der Eiweiße kann man sehen: In wenigen Tagen schmelzen mehrere Kilogramm Muskulatur dahin, Arme und Beine werden dünn. Die Harnstoffmenge im Urin steigt an im PAS, schon mehr als 10 g/d sind bedenklich.

Im Liegen, bei angenehmem Klima, ohne Fieber, Luftnot oder zehrende Krankheit, hat der Stoffwechsel täglich einen **Ruhe-Energieumsatz** von 25 kcal/kg bei jungen, muskelstarken Männern; Frauen und Betagte verbrauchen nur 20 kcal/kg wegen ihres höheren Fettanteils. Zwar gibt es genauere Formeln, aber niemand nimmt sie, sie sind zu kompliziert. Auch die vor Jahrzehnten festgelegte Einheit Joule (statt Kalorie) setzt sich einfach nicht durch; zudem sind die „Kalorien" der Alltagssprache korrekt ja kcal (Kilo- ...). Aber alle wissen, was gemeint ist. Der Ruhebedarf von 25 kcal/kg gilt für normales *Ist*-Gewicht, d.h. BMI von 19 bis 25 kg/m². Ist der BMI niedriger oder wesentlich höher, orientiert sich der Bedarf am *Soll*-Gewicht; bei ausgezehrten Patienten darf man die Ernährung trotz des Untergewichts immer nur langsam aufbauen. Beim medizinisch stabilen Kranken, der nur ein paar Schritte geht, liegt der **Gesamt-Energieumsatz** lediglich 10 % über dem Ruhebedarf. Bei schweren Erkrankungen oder Mangelernährung wird eine Kalorienzulage von 30 bis 50 % nötig. Die sinnvolle Zufuhr hängt auch vom Krankheitsverlauf und von Komplikationen ab wie Fieber, Durchfall oder Reflux. Die Kalorien dürfen also nicht rein mathematisch kalkuliert werden, sondern man muss sie *klinisch* abschätzen. Kranke nach der Akutphase brauchen, um zuzunehmen, „doppelte Portion". Aber mehr als 40 bis 45 kcal pro kg *Ist*-Gewicht kann selbst der beste Kranke nicht umsetzen; also darf man ihm nicht mehr geben! Die Umsatzkapazität des Darms, der Enzyme und der Leber würde überschritten, die Folge wäre eine Entgleisung des Stoffwechsels. Das darf nicht sein.

Die gerne beschworene *ausgewogene* **Ernährung** ist kein Mysterium (oder doch?), sondern sie ist im weiten Sinn eine vielseitige Kost, die keine Mängel hat und sich keinesfalls auf Einseitiges einlässt. Im engen Sinn definiert sie, welche Nährstoffe wie viele Kalorien beitragen sollen. Viele Fachgesellschaften, die sich vor allem in den westlichen Ländern systematisch mit der Ernährung von Millionen befassen, raten hierzu: 40 bis 50 % Kohlenhydrate, gut 30 % Triglyzeride und 20 % Eiweiße. 80 % der Aminosäuren (ca. 1 g Protein/kg bei Erwachsenen) werden umgehend zur *Protein-Neusynthese* genutzt, nur 20 % (bzw. der überschüssige Rest) werden in *Energie* umgewandelt. Das ergibt bei z.b. 100 g Eiweißaufnahme lediglich gut 80 kcal Beitrag zum Kalorienbedarf, und das ist so gut wie nichts. Für das bloße *Kalorienzählen* kann man also die Proteine draußen lassen. Statt obigem Dreierverhältnis würde es genügen, nur die **Nicht-Protein-Kalorien** anzugeben. So käme man etwa auf 60 % Kohlenhydrat- und 40 % Fettkalorien! Das muss jeder wissen, wenn er über sein Essen brütet oder mit anderen über dieses Reizthema spricht. Diese Relationen gelten für Menschen mit normalem Gewicht und normaler Menge an viszeralem Fett. Für die fast 50 % anderen verspricht eine insbesondere kohlenhydratreduzierte Kost einen rascheren Gewichtsverlust, aber das ist ein sehr weites Feld. Weltweit gesehen ist neben dem Kampf gegen das schiere Verhungern die ausreichende Versorgung mit Eiweiß vorrangig.

Welche Nahrungsmittel nun „wirklich" optimal sind, ist nur schwer bestimmbar. Selbst renommierte Ernährungsforscher räumen ein, es auch nicht so recht zu wissen. 90 % heutigen Essens sind industriell aufbereitete Produkte. Nicht mehr aufzuhalten ist das Streben der Nahrungsmittelindustrie nach „Medikalisierung der Ernährung". Auf diesem Boden gedeiht die Gesundheitsmaximierung („Orthorexie"). Treffender (grch. ortho: richtig) ist das Wort Ernährungswahn: Die von ihm Getriebenen suchen dauernd nach Argumenten gegen das nächste, uns vertraute Lebensmittel: „Fleisch? Geht gar-nicht! – Vegetarisch? Reicht nie-mals! – Brot? Wie kann man bloß noch ...? – Kartoffeln? Essen Sie denn immer noch nicht Low carb?" Usw. Im Gegensatz dazu will dieses Büchlein die Vielfalt und die Ess-Freude erhalten, vor allem für Kranke.

Kohlenhydrate – low oder zero carb?

Alle natürlichen Kohlenhydrate sind nach dem gleichen Muster gebaut: An einem Ring aus sechs *Kohlen*stoffatomen hängen verschieden viele *OH*-Gruppen (OH = *Hydroxyl*). So kommt der Name *Kohlenhydrate* zustande. Genauer heißen sie Saccharide. Die Grundbausteine lassen sich endlos und in alle Richtungen aneinanderhängen. Dadurch entstehen räumlich sehr komplexe Moleküle. Je nach *Zahl* der Bausteine unterscheidet man (1) *Mono-*, (2) *Di-*, (ca. 10) *Oligo-* und („viele") *Polysaccharide*. Das wichtigste Monosaccharid (zugleich das dem Überernährten gefährlichstes) ist die D-Glukose, der „Blut"-Zucker, als Traubenzucker oder Dextrose bekannter. Andere Monosaccharide sind die sogenannten Glukoseaustauschstoffe Fruktose, Sorbit und Xylit, weil sie der Medizin lange dienten, um die Glukosemenge in Infusionen zu mindern. Wichtigste Disaccharide sind **Saccharose** (Haushaltszucker: Fruktose-Glukose), Maltose (Malzzucker: Glukose-Glukose) und **Laktose** (Milchzucker: Glukose-Galaktose). Pflanzliche Stärke und Glykogen (Depotkohlenhydrat) sind Polysaccharide. Neben Galaktose liegt auch Fruktose *natürlicherweise* als Monosaccharid vor, sie wird schnell resorbiert und von der Leber unverzüglich in Glukose umgebaut. Die komplexen Kohlenhydrate werden dank der Amylase zuerst in Oligosaccharide und dann in Saccharose und Maltose geteilt. Im Dünndarm aktive Enzyme (Disaccharidasen) spalten Saccharose, Laktose und Maltose zuletzt „mittendurch" und ermöglichen so die Aufnahme von Galaktose, Fruktose und, quantitativ am bedeutendsten, von Glukose in das Blut. Daher schnellt der Blutzucker nach Süßem, auch nach komplexen Kohlenhydraten, hoch, wenn es uns an Insulin mangelt oder Insulin nicht mehr gut wirkt, weil die Leber- und Muskelzellen gegen Insulin resistent geworden sind. Kohlenhydrate werden größtenteils verbrannt: Jeder simple „Zucker" ergibt 4,1 kcal/g Brennwert, jede noch so komplexe Stärke ebenso, allerdings verschieden schnell; um das zu beschreiben wurden die Begriffe „glykämischer Index" und „glykämische Last" ersonnen. – Saccharose, unseren gemeinen Haushaltszucker, oder Maltose braucht wirklich *kein Mensch* zum Leben. Aber die *komplexen* **Kohlenhydrate**, so sehr auch gegen diese z.B. von der „Low carb"- oder gar der „Ketogene Ernährung"-Bewegung gepredigt wird, werden weiter erforderlich bleiben, auch für Diabetiker oder Fettleber-Kranke! Weltweit gesehen, wird die Menschheit ohne Getreide, Reis und Kartoffeln nicht satt werden können. Kohlenhydrate verhindern die körpereigene Umwandlung der glukoplastischen Aminosäuren (die für „Besseres" vorgesehen sind) in Glukose. Um diesen nach Aufbrauch der Glykogenreserve einsetzenden, nicht erwünschten Eiweißabbau zu verhindern, genügt es, täglich gut 100 g bzw. etwa 1,5 g/kg Kohlenhydrate zu verzehren. Es kann auch mit noch weniger gut gehen, indem man dann zum Ausgleich noch mehr Eiweiß verzehrt – aber *warum* sollte man das tun? Aus den Studien zur *parenteralen* Ernährung ist bekannt, dass für die meisten Menschen täglich drei bis vier Gramm Glukose pro kg Körpergewicht (kontinuierlich über 24 Std. gegeben) nicht zur Leberzellverfettung führen. In den Küchenalltag übersetzt hieße das: Ein 75-kg-Erwachsener kann 200 bis 300 g/d *verdauliche* Kohlenhydrate verzehren: Viel Gemüse sei das Fundament, dazu Kartoffeln, Brot, Nudeln und Reis mit möglichst hohem Vollkornanteil, dazu ein, zwei Stücke Obst bzw. Früchte. Die DGE (Deutsche Gesellschaft für Ernährung) verzichtete zuletzt auf eine konkrete „%"-Empfehlung zu Kohlenhydraten, weil die „hart" beweisbaren Effekte zu klein dafür sind – im Guten wie im Schlechten! Das wurde der DGE von manchen dennoch angekreidet, weil sie sich nicht explizit *gegen* die herkömmliche Empfehlung „mindestens 55 % KH", dagegen nur wenig Eiweiß („10 bis 15 %") ausspreche, und das sei nicht länger angemessen, weil Millionen Deutsche an viszeraler, vor allem an Leberverfettung leiden.

10 % der Westeuropäer, 50 % der Menschen im Orient und 99 % der Chinesen haben einen teilweisen bzw. völligen Mangel an Laktase, des Enzyms, das Milchzucker im Darm aufspaltet in Glukose und Galaktose. Sie vertragen häufig nur wenig oder gar keine Süßmilch bzw. keine Milchprodukte und reagieren mit Blähungen und Durchfall, den typischen Symptomen der **Laktoseintoleranz**. Vergorene, also Sauermilchprodukte, werden meistens vertragen. Praktisch alle Säuglinge in aller Welt vertragen die Laktose der Muttermilch: Die Laktoseintoleranz wird nämlich erst später *erworben*; so sah es das genetische Ur-Programm einstmals vor. Dass inzwischen viele Menschen dennoch Laktose vertragen, ist eine Spätmutation in der Evolution, die aber bis vor

100 Jahren sicher ein Überlebensvorteil war. Der kann sich heute, wenn man in das Übergewicht steuert, zum Gegenteil wenden.

In Milch, also auch der Muttermilch, kommt Galaktose nicht nur als Teil des Disaccharids Laktose vor, sondern auch als Monosaccharid. Eines von 40.000 Neugeborenen leidet an einem angeborenen Defekt des Galaktoseabbaus (**Galaktosämie**; mehrere Varianten), schon 1917 enträtselt; daher werden alle Säuglinge schon am zweiten Lebenstag getestet. – Die sich nur im Bauch abspielende, die rein *intestinale* **Fruktoseintoleranz** also, ist häufig und lästig durch Krämpfe oder Durchfall nach Verzehr von Früchten oder Säften, doch sie ist harmlos. Selten, aber gefährlich ist *systemischer* Mangel der Fermente Fruktose-Diphosphatase und Fruktose-Aldolase. In Infusionen sind daher Fruktose und seine Vorstufe Sorbit schon lange nicht mehr enthalten. Die Daten für Xylit überzeugen nicht; auch unter Xylit kamen Todesfälle vor. Zur Kohlenhydratinfusion ist nur Glukose geblieben. Die zur Gabe via Sonde geeigneten Kohlenhydrate werden vorwiegend aus Maisstärke und Sojamehl gewonnen. In „zuckerfreiem" Kaugummi steckt fast immer Xylit, hier aber zu Recht, denn es hat eine gewisse antikariogene Wirkung. – Ist Fruktose ein gesunder Zucker? Natürlich ist die Antwort „jein", denn auch hier gilt: Die *Dosis* macht das Gift! Zwar muss Fruktose, mit der unser Stoffwechsel sonst nichts anfangen kann, den Umweg über die Leber nehmen, um dort in Glukose umgebaut zu werden, aber das verringert die glykämische Last nicht sonderlich viel. Daher sind wir gut beraten, im Alltag so zu tun, als würden wir statt Fruktose „de facto" Glukose zu uns nehmen mit der Folge, die so beliebten Fruchtsäfte (Orange, Apfel) sparsam zu dosieren und besser die *naturbelassene* Frucht aufzuessen: 100 ml Orangensaft haben fast so viel Zucker und daher so viele Kalorien wie 100 ml Cola-Brause! Ein Apfel bringt es je nach Süße auch auf 10 bis 12 g Fruktose, über die aber selbst der ärgste Zuckerphobiker hinwegsehen sollte.

Haushaltszucker ist schlecht, weil Saccharose Karies fördert, den Blutzucker steigen lässt und damit den Insulinspiegel. Diese Hyperinsulinämie ist „des Teufels", denn sie macht uns zu Diabetikern, irgendwann. Zur Minderung des Zuckerverzehrs sind vor allem Getränke mit synthetischen Stoffen gesüßt. Ältestes Mittel, seit 1885 bekannt, ist Saccharin. 1937 folgte Cyclamat und 1961 Aspartam, das Dipeptid der Aminosäuren Asparaginsäure und Phenylalanin. Aspartam ist also bei Phenylketonurie (*einem* von 8.000 Kindern angeboren) verboten; das steht auf jeder Packung. Es ist 200mal süßer als Haushaltszucker, sein Gehalt von gut 4 kcal/g fällt daher nicht ins Gewicht. Als akzeptabel gilt eine Höchstdosis unter 40 mg/kg pro Tag, das wären 250 Tabletten Aspartam oder 25 Liter Cola „light"! Aspartamgegner warnen natürlich schon vor einem Spritzerchen Kunstsüße, obwohl die Argumente nicht haltbar sind. Rein praktisch wird jeder besonnene Verbraucher die künstlichen Süßstoffe wie auch alle anderen Zucker nur sparsam dosieren. Die DGE, die Deutsche Gesellschaft für Ernährung, sieht jedenfalls keinen Grund, Aspartam zu verteufeln. Etwas ernster wird die Sache bei der Laktose und beim Milcheiweiß: Hoher Milchkonsum, gerade im Kindesalter und hier oft noch mit Schokoladepulver weiter versüßt, erhöht die Wahrscheinlichkeit von späterem Übergewicht und Diabetes. Wer die gewissen Vorteile der Milch dennoch weiter haben will, kauft sie „ab Fabrik": Die Hälfte der „Laktosefrei!"-Produkte landet inzwischen bei Gesunden. Die Abkehr vom Milchzucker wird gesteigert durch die Ablehnung von Weizen- und Roggenprodukten. Gerechtfertigt ist das nur bei Gluten-sensitiver Enteropathie, der heimischen Sprue, an der 2 % aller Europäer leiden. Eine „Weizensensitivität" kann sich unter glutenfreier Kost ebenfalls bessern, aber die „Verumquote" ist unklar! Völlig unbegründet ist, auch noch Kartoffeln auf den Index zu setzen. Kartoffeln (1,5 kcal/g) sind gut, entscheidend ist, was man aus ihnen macht. Und für Vollkornprodukte wird die Studienlage immer besser (Aune, 2016): Ihr Verzehr senkt die *Sterblichkeit* – das ist ein starkes Wort!

Die 300 natürlich vorkommenden Aminosäuren sind die Bausteine aller Eiweiße. Der Mensch braucht von ihnen nur 20. Wegen eines „asymmetrischen" Kohlenstoffatoms am Säure-Ende gibt es zwei spiegelbildlich gleiche Varianten, D- bzw. L-Aminosäure genannt. Menschen können nur mit der L-Form etwas anfangen. 90 % aller Aminosäuren des Körpers stecken in komplizierten Proteinen. Deren *Synthese* erfolgt aus einem Vorrat an *freien* Aminosäuren (im Blut bzw. im ganzen Körpergewebe) mit einer Konzentration von immerhin 50 mg/dl, etwa so viel wie ein niedriger Blutzuckerspiegel. Der Mensch beherbergt unfassbare 50.000 Proteine! Unsere wichtigste Aminosäure, vor allem im PAS, ist **Glutamin**. Sie alleine macht 20 % der *freien* Aminosäuren aus und steckt ansonsten vor allem in Muskelproteinen. Obwohl natürliche Nahrungsmittel nur wenig (!) Glutamin enthalten, benötigt der Mensch doch täglich ca. 10 g, im Stressstoffwechsel sogar bis 15 g. Alles Glutamin kann unter normalen Umständen aber im Intermediärstoffwechsel hergestellt werden. Nach schwerem Trauma genügt die Eigenproduktion jedoch nicht mehr. Dann wird Glutamin „von außen" erforderlich, es ist dann *semi*essentiell. Mit 100 g Nudeln oder Fleisch nehmen wir 4 g **Glutaminsäure** auf, deren *Salze* dann alle „*-glutamat*" heißen. Die meisten Aminosäureinfusionen enthalten „nur" Glutamin-*Säure*. Diese ist jedoch *kein Glutamin*, auch wenn sie täuschend ähnlich heißt! Denn in wässriger (also Infusions-)Lösung ist Glutamin nicht stabil zu halten, daher wird nur seine Vorstufe hineingepackt. Erst durch den im Körper erfolgenden Anbau einer NH_3^+-Gruppe wird Glutaminsäure zur so wichtigen Aminosäure Glutamin.

Der **Eiweißumsatz** Jugendlicher beträgt ca. 600 g/d, bei Erwachsenen nur 300 g/d. Im PAS überwiegt der Eiweißabbau die Neusynthese bei weitem. Keine Form medizinischer Ernährung kann das aufhalten.

*Mit **Glutamat**, genauer gesagt: seinen Varianten (E 620 bis E 625), ist der Geschmack vieler Speisen zu verstärken, weshalb es in ihnen oft reichlich enthalten ist. Den Glutamaten werden allergene und neurotoxische Effekte zugeschrieben, bekannt als „Chinarestaurant-Syndrom". Die histaminergen Beschwerden (Asthmaanfall) werden jedoch durch andere Zutaten (Lebensmittelfarbstoffe wie Tartrazin) verursacht. Die DGE anerkennt aber „Einzelfälle besonderer Empfindlichkeit".*

Tierisches oder pflanzliches Eiweiß wird durch Pepsine angedaut, die Pankreasenzyme Trypsin, Chymotrypsin und andere Fermente teilen es weiter in Poly- und Oligopeptide. Zuletzt entstehen durch Enzyme in der Dünndarmschleimhaut Aminosäuren-*Monomere*, die Einzel-„Bausteine". Resorbiert werden nur die L-Aminosäuren, „D" allenfalls in Spuren. Noch schneller als die Monomere werden **Oligopeptide** aus max. 6 Aminosäuren resorbiert dank eigenen „Schleusen-Systems". Die ersten 100 cm Jejunum nehmen 80 % der anflutenden Aminosäuren in das Blut auf. Acht der zwanzig benötigten Aminosäuren können nicht im Stoffwechsel synthetisiert werden. Sie sind **essentielle Aminosäuren** und mittels ausgewogener Kost zuzuführen. Bei Niereninsuffizienz oder im PAS werden weitere Aminosäuren (s.o.: Glutamin) nur ungenügend hergestellt. Darauf nehmen „gute" Infusionen Rücksicht. Als Energiequelle sind Nahrungsproteine eigentlich zu schade: Sie sollen vielmehr umgebaut werden zu Albumin, Enzymen oder Immunglobulinen. Nur bei langem Fasten soll aus ihnen Glukose werden. Fast alle Aminosäuren sind glukoplastisch – hier kommt die Natur den Low-carb-Fans entgegen – so lange sie genug Eiweiß essen. 80 % des aufgenommenen Eiweißes werden wieder zu Proteinen umgebaut; 20 % werden unter Energiegewinn abgebaut, indem von den Aminosäuren NH_3^+ abgespalten wird, das in der Leber in **Harnstoff** umgewandelt und so im Urin ausgeschieden wird. Mehr als 10 g/d Harnstoff im Urin signalisiert zu viel Eiweißabbau (Proteinkatabolie). Über 15 g/d sind bedenklich. Im Nierenversagen steigt der Harnstoff im Blut. Dann wird er auch über die Schleimhäute abgesondert, so dass der Kranke aus dem Mund nach ihm riecht: „Foetor uraemicus ex ore" nannten das unsere medizinischen Ahnen.

Friedrich Wöhler aus Frankfurt/Main gelang 1828 erstmals die „unmögliche" Synthese einer organischen Verbindung aus anorganischen Vorstufen. Lakonisch schrieb er dem berühmten Chemiker Berzelius in Dänemark: „Ich kann mein chemisch Wasser nicht länger halten, weil: Ich habe Harnstoff gemacht!"

20 % der Kalorien soll der Mensch als biologisch hochwertiges Eiweiß zu sich nehmen. *Besser* drückt man den Bedarf so aus: Erwachsene bis 1,2 g/kg, Kinder und Jugendliche 1,5 bis 2 g/kg. Viele Krankheiten erfordern andere Mengen oder (in Infusionen) andere Aminosäuren-Muster. Um die Aminosäuren bestmöglich ihrem eigentlichen Ziel, dem Strukturstoffwechsel nämlich, zuzuführen, sind pro Gramm Pro-

tein 15 kcal Energie nötig: 75 g Eiweiß erfordern also 1.000 kcal Non-Protein-Beilage, sonst werden die aufgenommenen Aminosäuren umgehend „verheizt". Daher enthalten eiweißreiche Drinks maximal 40 % Protein, der Rest sind Fette und Kohlenhydrate. Die **biologische Wertigkeit** ist das Maß der Re-Synthese von Proteinen nach Verdauung der Nahrungseiweiße. „Kartoffel plus Ei" ist am besten, weil ihre Aminosäuren in besonders hohem Maß wieder zu Proteinen werden. Die Eiweiße in Getreide oder Milch sind etwas ungünstiger. Eine **Allergie** gegen Fisch-, Hühner- oder Milcheiweiß ist nicht selten. Milcheiweiß wird häufig nur vorübergehend im Schub entzündlicher Darmkrankheiten nicht vertragen. Klassisches Beispiel der Unverträglichkeit *pflanzlichen* Eiweißes ist die Sprue, die **Glutenintoleranz.** 2 % der Europäer vertragen nicht das Klebereiweiß namens Gluten bzw. Gliadin im Getreide, Hafer oft ausgenommen. Trink- und Sondennahrung sind immer glutenfrei. Eher muss man bei ihnen an Milcheiweiß als Intoleranzquelle denken; dann kann man Sojaeiweiß versuchen, das wiederum ist bei Kreuzallergie auf Erdnüsse unverträglich. **Infusionen** enthalten nur Aminosäuren-Monomere, ausgenommen Alanyl-Glutamin zur Glutaminzulage. Im Alltag genügt: „Kartoffeln, Brot, Nudeln und Reis zurückhaltend, Fleisch, am besten Fisch, Eier, fettarme Milch, Quark und Käse" – und schon macht man betr. Eiweißzufuhr alles richtig, ohne sich noch mehr Gedanken machen zu müssen.

Während der Stoffwechsel der Kohlenhydrate und Eiweiße recht kurz abzuhandeln ist, erfordern Fette mehr Sätze, weil alles so kompliziert ist. Aber nicht alles muss man behalten. Auch mit wenig exakter Chemie kann der klinische Alltag bewältigt werden; nur die Begriffe muss man begreifen.

Cholesterin ist eine nur in Tier und Mensch vorkommende komplexe Polystyrolverbindung, die völlig verschieden ist vom zweiten „Blutfett" namens Triglyzeride. Mehr als 300 mg/d Cholesterinverzehr galten über Jahrzehnte schon als zu viel. Verpflichtend sind tatsächlich nur null (!) mg, denn die Leber und die Dünndarmschleimhaut können alles benötigte Cholesterin herstellen. Infusionen und Sondenkost sind völlig cholesterinfrei, einen Hersteller (*wenig* Cholesterin durch Rind- und Putenfleisch in der Sondenkost) ausgenommen. Cholesterin ist notwendiger Teil *jeder* menschlichen oder tierischen Zellmembran. Es dient zur Synthese von Steroiden, Vitamin D und Geschlechtshormonen. Je nach Bindung an Lipoproteine hoher („high") oder niedriger („low") Dichte im Blut fließt HDL- oder LDL-Cholesterin in uns. Cholesterin essen bremst die körpereigene Produktion, wenig essen stimuliert sie. Gleichgültig von welchem Tier es stammt, jedes Schnitzel zu 150 g enthält 150 mg Cholesterin, allein ein Ei hat 300 mg. Die Höhe des individuellen Cholesterinspiegels (LDL wie auch HDL) ist vor allem genetisch festgelegt und durch Ernährung nur gering zu beeinflussen; viel besser wirksam ist ausdauernde Bewegung! Da der Körper vorwiegend nachts Cholesterin produziert, werden alle Statine abends verabreicht. *Pflanzen* enthalten kein Cholesterin, sondern nur *Phyto*sterole, die aber nicht zur Atheromatose (Gefäßverkalkung) beitragen.

Verbinden sich *drei* Fettsäuren und *Glyzerin,* entstehen **Triglyzeride,** Fette im engeren Sinn. *Natürliche* Fettsäuren sind immer langkettig, nämlich 16 oder 18 Kohlenstoffatome. Sie sind entweder **gesättigt** oder *ein-* bzw. *mehrfach* **ungesättigt,** sie haben also *keine, nur* eine oder aber *mehrere* Doppelbindungen zwischen C=C-Atomen. Je nach der Faltblattstruktur („Verkippung" von Molekülanteilen) entstehen **cis-** oder **trans**-Fettsäuren. Gesättigte und nur *einfach* ungesättigte Fettsäuren kann unser Metabolismus selbst herstellen. **Essentielle Fettsäuren,** immer mehrfach ungesättigt, können nicht im Stoffwechsel synthetisiert werden, sie müssen also in der Nahrung enthalten sein. **Omega-3-**

Fettsäuren (im Schrifttum: n-3- ...), benannt nach der Position der *letzten* Doppelbindung am Ende der Gly-C-C-C=C-C-Kette, sind zu unterscheiden von **omega-6**-Fettsäuren. Biologisch am bedeutendsten sind Linolsäure (18 C, n-6, zweifach ungesättigt) und Linolensäure (18 C, n-3, dreifach ungesättigt). 3 % der Tageskalorien sollen aus mehrfach ungesättigten Fettsäuren stammen. Fettsäuren mit mehr als 14 C heißen **langkettige** Triglyzeride (long chain triglyceride: LCT), solche mit nur 6 bis 12 C sind **mittelkettig** (medium chain triglyceride: MCT). LCT und MCT gehen getrennte Wege: Langkettige, somit wasserunlösliche Triglyzeride werden im Dünndarm mit Gallensäuren zunächst in ein Fett-Wasser-Gemisch gebracht und danach durch das von der Bauchspeicheldrüse abgegebene Ferment Lipase gespalten, indem 50 % der LCT in Glyzerin und *drei* Fettsäuren zerlegt werden, 30 % in *Mono*-Glyzeride (*eine* Fettsäure bleibt am Glyzerin) und 15 % in *Di*-Glyzeride. Etwa 5 % bleiben ungespaltenes Triglyzerid. Freie Fettsäuren, Mono- und Diglyzeride vereinen sich mit dem Gallensaft zu großen Partikeln (Mizellen). Sie werden in die Mukosazelle aufgenommen. In ihr werden die Spaltprodukte zu Triglyzeriden resynthetisiert, mit einem Lipoprotein umhüllt und dann via Lymphsystem, zuletzt den Ductus thoracicus, in die linke Vena subclavia eingeschleust. Durch Lipoproteinasen des Gefäßendothels erfolgt erneut die Spaltung in Glyzerin und Fettsäuren. Nach diesem langen „Hin und Her", so möchte man sagen, werden die Fettsäuren endlich aus der Blutbahn in die Leberzellen aufgenommen zur Lipoproteinsynthese (Verbindung von Fettsäuren mit Eiweiß) oder sie gelangen in die Lipozyten, die Fettzellen, zur mehr oder minder langen **Triglyzeridspeicherung**: So wird man dick. Schlank wird man wieder durch Hungern, vor allem aber durch körperliche Dauerleistung. Dann werden die Triglyzeride wieder in Glyzerin und freie Fettsäuren zerlegt. Diese freien Fettsäuren sind wichtige Energielieferanten für die Leber und die Muskeln. Sie werden in den Mitochondrien, intrazellulären „Minikraftwerken", verbrannt. Als Nebenprodukt entstehen die Ketone, z.B Azeton oder Azetoazetat. Häufen sie sich an, entsteht eine Ketoazidose, bedrohlich v.a. für Diabetiker. Mittelkettige Triglyzeride, **MCT**, werden viel einfacher in den Stoffwechsel eingeschleust. Sie benötigen, anders als LCT, keine Emulgierung durch Gallensäuren. Sie werden bereits im Magen und durch die Lipase des Darms teilhydrolysiert, die Lipase des Pankreas erledigt den Rest. Im alkalischen Dünndarm liegen MCT zu 97 % ionisiert, also wasserlöslich vor. Sie werden zügig resorbiert und als freie Fettsäuren, falls sie kürzer als 10 C sind, direkt über die Pfortader, die Vena portae, in die Leber eingeschwemmt. Alle MCT werden unverzüglich in den Mitochondrien verbrannt und so sofort in Energie umgewandelt. Dazu ist im Gegensatz zu den LCT kein als intrazellulärer Transporteur dienendes Carnitin erforderlich. MCT sind auch bei reduzierter Fettverdauung *enteral* verabreichbar, also bei schwerer Pankreasinsuffizienz und beim Kurzdarmsyndrom. *MCT enthalten keine essentiellen Fettsäuren und dürfen daher nur zusammen mit LCT gegeben werden.* Diese Kombination ist theoretisch günstig, weil alle Stoffwechselwege genutzt werden, vor allem im Stressstoffwechsel. MCT sind „immunologisch" bzw. „inflammatorisch" neutral. Ihr Brennwert ist 8 kcal/g.

Strukturierte Lipide, im Reagenzglas per Zufall verestert, tragen am Glyzerin nur eine lang-, aber zwei mittelkettige Fettsäuren: Sie sind LCT und MCT in einem Molekül. Ob das medizinische Vorteile bietet, wird bezweifelt. Eine Komplettlösung mit strukturierten Lipiden (StructoKabiven^R), lange gängig, wird nicht mehr hergestellt, so dass man derzeit (2017) keine strukturierten Fette kaufen kann. Störungen des Carnitinstoffwechsels hemmen die Fettverwertung in der Muskulatur und zeigen sich schon im Kindesalter als Kardiomyopathie. Auch die Hämodialyse kann einen **Carnitinmangel** *verursachen. Zwar ist eine Arznei (Levocarn^R) verfügbar, aber ihr Effekt ist gering. Daher wird sie kaum verordnet. Auch Carnitin in Formula-Nahrung ist nur theoretisch nützlich.*

Energie rationell zu speichern ist die **Hauptfunktion der Triglyzeride**. Ein Gramm reines *Nahrungs*-Fett hat 9,3 kcal. Aus einem Kilogramm Körperfett, das ja noch etwas Wasser und Gewebeanteil enthält, müssen gut 8.000 kcal mobilisiert werden, damit man eben ein Kilo abgenommen hat. Die geschrumpften Fettzellen, die Adipozyten, bleiben zurück, leider „stets zu Diensten". Es ist egal, ob wir uns zu viel Kohlenhydrate, Eiweiß, Fett oder Alkohol einverleibt haben: Jede überschüssige Kalorie wird zu Fett umgewandelt und an genetisch wohldefinierten Stellen eingelagert. Bauchfett ist ungesund, vor allem *intraabdominelles*: in der Leber, im Pankreas oder im Omentum maius. Der Trost, etwas schwach, lautet: Muskeln, Leber und Nieren als „Großverbraucher" benötigen *bevorzugt* freie Fettsäuren als Energielieferant. Ein *gesteigerter Fettabbau* gelingt aber nur durch *aerobe* Dauerbelastung vieler Muskeln oder lange Nüchternphasen zwischen den Mahlzeiten.

Phospholipide entstehen im Strukturstoffwechsel der Fette, sie sind als „Gehirnschmalz" Baustoff des Nervensystems. *Mehrfach* (poly-) ungesättigte (unsaturated) Fett-Säuren (fatty acids; engl.: **PUFA**) wie die n-6-FS sind eine Vorstufe der Prostaglandine und Leukotriene, die leider *pro*-inflammatorische Prozesse fördern. N-3-Fettsäuren wirken eher *anti*-entzündlich. Die Aufnahme der fettlöslichen Vitamine A, D, E und K („ADEK") ist, wie das Beiwort sagt, nur mit Hilfe von Fetten möglich. Der Nicht-Protein-Kalorienbedarf soll zu 40 % durch Fette gedeckt werden. 1 g/kg ist unser normaler **Tagesbedarf.** Er soll aufgenommen werden aus (a) nur *natürlichen*, (b) möglichst *vielen* und (c) bevorzugt *pflanzlichen* Quellen. Jugendliche und Erwachsene verzehren zu viel Fett, oft mehr als 125 g/d, davon das meiste als ungesundes: Langkettige, gesättigte und nur einfach ungesättigte Triglyzeride stammen vor allem aus *tierischem* Fett. Alle *gesättigten* Fettsäuren sind „schlecht": Speck, Schmalz, viele Wurstsorten, fettes Fleisch, Sahne, hochprozentiger Käse und Quark, Rindertalg oder Nierenfett. Viel Fett steckt in Knabber- und Süßwaren: die berüchtigten „versteckten" Fette.

Kokosfett, synonym Palmfett, ist das Frittierfett schlechthin, weil es hoch erhitzt werden kann, ohne zu verbrennen. Es ist pflanzlich, also cholesterinfrei und enthält auch mittelkettige Triglyzeride, doch der Anteil gesättigter Fettsäuren ist doppelt so hoch wie in der dafür gescholtenen Butter. „Weiße Plattenfette" à la Kokos gehören im Kühlschrank nach hinten. Wer global denkt, kauft kein Kokosfett: Für Endlos-Plantagen wird der Urwald kurzerhand verbrannt.

Neben gesättigten oder *einfach* ungesättigten Fettsäuren benötigt der Mensch 1,5 g/d *mehrfach* ungesättige n-3- und 7 g/d mehrfach ungesättigte n-6-Fettsäuren. Sie finden sich in Nüssen (Wal-, Hasel-, Cashew-, weniger günstig Erdnüsse) und **Pflanzenölen** oder aus ihnen erzeugten, *ungehärteten* Streichfetten, den „Diät"-Margarinen. Fische wie roter Lachs und Makrelen sind reich an n-3-Fett-säuren. Sondenkost enthält ca. 20 % LCT-Fette, gewonnen aus Milchfett, Maiskeim- oder Sojaöl. MCT-Fette für die Sondennahrung werden vor allem aus Kokosöl gewonnen. Infundierbare Lipidemulsionen beziehen ihre Triglyzeride aus Oliven-, Sojabohnen-, Kokos- oder Fischöl in variablen Anteilen. Nach nur *einer* Woche **fettfreier Ernährung** sind alle *essentiellen* Fettsäurereserven verbraucht. Bei respiratorischer Insuffizienz können bis zu 50 % der Kalorien als Fett gegeben werden, weil Triglyzeride, anders als Kohlenhydrate, als Endprodukt kein CO_2 erzeugen.

Trans-Fettsäuren erhöhen das Risiko der Herzkranzgefäßverengung. Der Effekt ist dosisabhängig. Dänemark hat sich festgelegt auf einen trans-Anteil von max. 2 % der Fettaufnahme (Kasper, 2014). Diese trans-Fette entstehen u.a. bei der Umwandlung pflanzlicher Öle in streichfähige Margarine durch Anfügen von Wasserstoff, chemisch: H+, an ungesättigte Verbindungen von C=C; genannt wird das „Härten" oder Hydrieren. *Natürliche* Fettsäuren stehen fast immer in cis-Formation, in nur wenigen Lebensmitteln wie Kuhmilch stecken kleine Mengen natürliches trans-Fett. Inzwischen haben die Lebensmittelchemiker für einen geringeren trans-Fettanteil in Margarine gesorgt. Der höchste steckt in frittierten Speisen (bis 35 % des Fettgehalts!), in Nuss-Nougat-Aufstrichen (5 %) und eben in Margarine (4 %).

Manchem wird aufgefallen sein, dass Butter, Vollmich und Margarine hier weder bei „empfohlen" noch „vermeiden" stehen. Das liegt u.a. an einer Veröffentlichung im British Medical Journal (2016, s.o.). Verfolgen Sie ein wenig diese Debatte! P.S.: Im Haushalt des Autors, auf einem Bauernhof aufgewachsen, gibt es nur Butter und Rohmilch, die aber sparsam verzehrt werden. – Um Butter, Cholesterin, Eier, Margarine, Vollmilch, vollfette Milchprodukte und Medikamente zur Cholesterinsenkung toben seit Jahrzehnten wahre Schlachten, oft kommerziell motiviert. Die medikamentöse Cholesterinsenkung nützt eindeutig am besten, aber doch weniger als geglaubt: Auch in Hochrisiko-Gruppen nach Herzinfarkt haben nach einem Jahr nur 5 % der Behandelten einen Vorteil durch ein Statin, 95 % nahmen es „umsonst".

Der **Cholesterinspiegel** ist *individuell* festgelegt und hängt auch *nicht* vom Gewicht ab: Er ist nämlich zu 80 % *genetisch* bestimmt. Cholesterinarm essen nützt daher nur begrenzt: „Ausgangswert minus 1/5 des Ausgangswerts = Ende des Diäteffekts!" Wirksamer als Diät allein und fast so gut wie ein CSE-Hemmer ist, sich drei Mal pro Woche 30 bis 45 Minuten oder öfters und länger einer Dauerbewegung hinzugeben. Die kostet lediglich die Überwindung, braucht aber einige Monate (ist nicht lange) Anlaufzeit für das gewünschte Ergebnis. Wer keine Hausfrau (die leisten moderate Dauerbelastung!) ist und nur einen Bürojob hat, sollte jeden Tag eine Stunde forciert spazieren gehen. Nicht alle Kranken können das leisten, aber auch für sie gilt: „Jeder Schritt zählt!" Wem sein Arzt grünes Licht gibt, der nehme unbedingt seine Beine in die Hand, egal wie, und trainiere dazu zweimal pro Woche auch die Muskulatur seines Oberkörpers. – Die nur durch Injektion (alle zwei Wochen) verabreichbaren neuesten Cholesterinsenker mit der sperrigen Abkürzung **PCSK9-Inhibitoren** (z.B. Evolocumab/Repatha[R]) sind wirksamer als das stärkste Statin (Atorvastatin), so dass fast „bedenklich niedrige" LDL-Werte (< 50 mg/dl) erreichbar sind. Diese Substanzklasse ist sehr jung, Daten über *langfristige* Effekte sind noch rar. Immerhin: Im März 2017 erschien die FOURIER-Studie (mit 25 Ausschlusskriterien!), nach der 66 Kranke 26 Monate mit Evolocumab (statt Statin oder Ezetemib) behandelt werden müssen, um *einen* Schlaganfall oder einen Herzinfarkt zu verhindern, Mehraufwand: 1,2 Millionen €! Ist das „dem Gesundheitssystem" zuzumuten? Warten Sie bis 2020 ab, bis Sie erstmals eigenhändig einen PCSK9-Inhibitor verordnen! – Last not least kam 2016 (vor Trump) aus der Abteilung Gesundheit und Landwirtschaft der US-Regierung eine unerwartete „Nicht"-Empfehlung: Es sei nicht länger sinnvoll, die Cholesterinaufnahme auf 300 mg täglich zu begrenzen! Bis 2020 gilt das, dann sollen epidemiologische Daten diese Hypothese stützen oder stürzen. Wissend, dass ohnehin allerenden gesündigt wird, werden sich die europäischen Fachgesellschaften vermutlich schwer tun, dem zu folgen.

Was also tun? Dem Aurelius Augustinus (400 n.C. Bischof von Hippo) folgend in seinem „Ama – et fac quod vis!" [Zuerst☺: liebe – und (dann) tu was du willst!], ließe sich mit einiger Berechtigung der gordische Ernährungsknoten so durchschlagen: „Move – et consume quod vis!" Wer sich so viel bewegt, dass er schlank und muskelstark bleibt, kann essen, was er will, solange er bei „Non multum, sed multa!" bleibt: „Nicht viel, sondern vielfältig!"

Wasser und Elektrolyte – Omnis vita e ...?

Unser blauer Planet ist zu zwei Dritteln mit Wasser bedeckt: eine Singularität im Weltall! Jede Zelle, alles Leben auf der Erde kommt aus diesem Wasser, und ohne Wasser ist Leben im Universum nicht denkbar.

Etwa zwei Drittel unseres Körpers bestehen aus Wasser. Das meiste findet sich *in* den Zellen (intrazellulär) und nur wenig *zwischen* ihnen (interstitiell). In allen Blutgefäßen (intravasal) kreisen nur ca. drei Liter. Der **Wasserumsatz** Erwachsener liegt bei 25 bis 35 ml/kg, also etwa 2.500 ml/d. 400 ml davon entstehen bei normaler Kalorienzufuhr als „Abfall" im Stoffwechsel (Oxidationswasser). Viele Früchte oder Kartoffeln enthalten derart reichlich Wasser, dass 1.500 ml/d als tatsächliche **Trinkmenge** genügen, um alle harnpflichtigen Substanzen, die ja in Wasser *gelöst* sein müssen, auszuscheiden. Oft ist aber erheblich mehr Flüssigkeit nötig: bei Fieber (10 ml/kg pro Grad über 37,5 °C), Durchfall, Verlust aus Drainagen, extremem Schwitzen im Delir oder instabilen Kranken nach Hirntrauma, bei großen Verbrennungen, im polyurischen Nierenversagen oder in unerhörtem Maß bei **Diabetes insipidus**: Zehn Liter Urin/Tag (und mehr) erzwingen eine entsprechende Wasserzufuhr! Dieser Insipidus-Diabetes hat nichts mit der „Zucker"-Krankheit zu tun. Er ist bedingt durch Mangel an ADH, des anti-diuretischen Hormons, fast immer als Folge eines Tumors der Hypophyse (Hirnanhangsdrüse). Auch nach einem neurochirurgischen Eingriff fernab der Hypophyse kommt das vor; hier kann sich die Lage manchmal *binnen Stunden* erheblich ändern. *Wenig* Flüssigkeit ist richtig bei Herzinsuffizienz, Ödemen, Aszites und vermehrtem Lungenwasser. Ein häufiger Grund, nur wenig trinken zu dürfen, ist die **Oligurie**, die (wörtl.:) Gering-Ausscheidung von Urin wegen Nierenversagens. Dann gilt, wenn kein Wasser sonstwo verloren geht (Durchfall etc.), eine Faustformel, die Sie behalten sollten: *„Erlaubte Trinkmenge heute = gestrige Urinmenge plus 10 ml/kg."* Außer mit dem Urin, minimal 900 ml, verliert man 400 ml Wasser durch Verdunstung über die Haut, 200 ml über das Atmen (Perspiratio insensibilis), 150 ml per Stuhl und bei Durchfall, schwer abzuschätzen, „viel mehr". Vegetativ labile Patienten wie im Alkoholdelir verlieren durch Schwitzen *literweise* Wasser! Für eine ausgeglichene Bilanz muss die Einfuhr jeden Tag ca. 800 bis 1.000 ml höher sein als die Ausfuhr, addiert aus Urinvolumen plus Drainagenverlust. Manche „Bilanzprüfer" machen es sich zu leicht und sind zufrieden, wenn sie in der Kurve lesen „Einfuhr gestern gleich Urinmenge vorgestern". Aber so trocknet der Kranke aus! Denn je kränker der ist, desto genauer hat die mindestens täglich errechnete **Flüssigkeitsbilanz** zu sein. Für ein Stunden-Urinvolumen von 1 ml/kg bei Schwerkranken ist zu sorgen. Viele müssen invasiv überwacht werden mit arteriellem, zentralem Venen-, PICCO- oder Swan-Ganz-Katheter, ansonsten genügen der Blasenkatheter als „Swan-Ganz des kleinen Mannes" und das *tägliche* Urinvolumen. Für Stabile ist eine Digitalwaage ideal: morgens, nach dem Wasserlassen, nüchtern, unbekleidet. Immobile Dialysepatienten werden auf einer Bettwaage gewogen. Bei Schwerstkranken genügt leider allein das Auge: All-überall ist eingelagertes Wasser zu sehen. Zehn Liter „im Plus" sind nicht selten!

Auch im Krankenhaus ist Leitungswasser die wichtigste Flüssigkeit: Tafelwasser, Tee und Kaffee, ergänzt um mehr oder weniger salzhaltiges Mineralwasser. Leider werden Voll-, Butter- oder Dickmilch nur wenig verlangt, Fruchtsäfte gehen besser. In Trink- und Sondennahrung sind 70 bis 80 % des Volumens Wasser, obwohl so viele Kalorien darin sind. Bei Infusionen entspricht die Wassermenge dem Volumen der Flasche. Viel Wasser ist auch enthalten in alltäglichen Nahrungsmitteln wie Kartoffeln, Früchten oder Apfelmus, in jeder Suppe oder einem Milchpudding. Diese Menge ist bei strenger Flüssigkeitsrestriktion auch zu bedenken: Ein diabetischer Dialysepatient ohne Restdiurese, aber mit hohem Kalium, tut nichts Gutes, wenn er pfundsweise süße Trauben isst. – Eng verknüpft mit Wasser ist **Natrium** als das wichtigste *extra*zelluläre Elektrolyt. Naturbelassene Lebensmittel enthalten kaum Natrium. Leitungswasser ist salzfrei, Mineralwässer dagegen haben zu viel, bis 3 g/Liter, das ist der Tagesbedarf! Wer in höchster Not salziges Meerwasser trinkt, ist dem Tod geweiht, weil dessen NaCl-Konzentration viel höher ist als die unseres Körpers. Viele Regelkreise im Organismus halten das Serumnatrium bei 140 mmol/l, höhere Werte erzeugen Durst. Die Nieren können die Natriumausscheidung fast auf null drosseln oder maximal 400 mmol/d Na^+ ausscheiden. Letzteres ist krankhaft und heißt **Salzverlustniere**, eine simple Urinnatrium-Bestimmung bringt das zutage. Schweiß schmeckt zwar leicht salzig, aber er ist „hypoton", das heißt: Seine NaCl-Konzentration ist niedriger als im Körper. Viel Wasser verlieren durch Schwitzen erzeugt also eine **hypertone Dehydratation**: Die Natriumkonzentration im Blut ist zu hoch, und reines Wasser zuführen daher die einzig richtige Therapie („versalzene Suppe verdünnen"). Natrium wahrt zum großen Teil die Isotonie und Isoionie des Blutes; die elektrische Erregung der Zellmembranen ist ohne Natrium nicht möglich. Der **Natriumbedarf**, minimal 1,5 g bzw. 0,5 mmol/kg pro Tag, wird vorwiegend durch NaCl (normales Speisesalz) in Standardlebensmitteln wie Wurst, Brot, Käse und Instantprodukten gedeckt. Sie enthalten derart viel Salz, dass man in seiner Küche völlig ohne es auskäme: Eine Scheibe Mischbrot enthält schon *ein* Gramm NaCl. Ein kleiner Teil wird von Natriumbikarbonat („Natron", z.B. in Backpulver) beigetragen. Generell wird zu viel NaCl verzehrt, im Durchschnitt 8 bis 10 g/d; bis 6 g/d sind „erlaubt". Auch im Klinikessen ist zu viel. Aber salzarme Kost wird von vielen Kranken als zu fade empfunden. Und dann bliebe noch mehr als ohnehin (die Hälfte) auf den Tellern liegen. Viele Sondennahrungen sind dagegen so *salzarm*, dass eine **Salzzulage** ab und an nötig wird. Der Natriumgehalt der Infusionen steht auf dem Etikett, die *Menge* ist dann leicht zu errechnen. Die **Hypernatriämie** ist häufig, aber diagnostisch einfach: Zu hohes Natrium heißt „Wassermangel!", wodurch auch immer. Aber noch häufiger ist im Krankenhaus die **Hyponatriämie**, sie ist vieldeutig und nicht selten gefährlich. Jeder Arzt muss ihre Differentialdiagnosen kennen wie auch die bei zu rascher Korrektur drohende pontine Myelinolyse, heute **osmotisches Demyelinisierungs-Syndrom** genannt. Die Kontrolle des Serum- und gelegentlich des Urin-Natriums gehört zu jedem „Labor".

Die **Osmolarität** ist die Summe *aller* osmotisch wirksamen Teilchen in einer Flüssigkeit, sei es Sondenkost oder eine Infusion. Im Blut wird sie wird fast ausschließlich durch Natrium, Chlorid, Bikarbonat, Glukose und Harnstoff bestimmt. Beim Gesunden wird sie recht konstant auf 287 mosm/l reguliert. Sie kann in jedem Labor leicht *gemessen* werden oder sie wird *errechnet*. Ist die *gemessene* Osmolarität deutlich höher als die *errechnete*, dann liegt eine **osmotische Lücke** vor, weil unphysiologische, also ungesunde osmotisch wirksame Moleküle in der Blutbahn kreisen wie Laktat, Ketone, urämische Substanzen, Methanol oder Äthanol. Im Schock oder nach Polytrauma ist die Lücke groß, die auslösenden Stoffe sind unbekannt. Eine osmotische Lücke > 6 mosm/l zeigt immer eine schwere Krankheit an. – Die **Osmolalität** unterscheidet sich von der Osmolarität orthografisch minimal, sie bezieht aber den Quotienten in ihrer Mess-Einheit auf „kg" und nicht auf „Liter" der untersuchten Flüssigkeit. Der Unterschied ist gering. Die „-lalität" spielt klinisch keine Rolle.

Natrium ist *extrazellulär*, **Kalium** *intrazellulär* (155 mmol/l) das quantitativ bedeutendste Elektrolyt. Wie Natrium dient es der elektromechanischen Koppelung. Die *Serumkonzentration* beträgt 3,5 bis 5,3 mmol/l, der Gesamtbestand von Kalium korreliert aber mit ihr nur bedingt. Jede Azidose lässt wegen des Austauschs von H^+ mit K^+ das Blutkalium steigen. Der Tagesbedarf von 0,5 bis 1,5 mmol/kg wird am besten durch *pflanzliche* Ernährung gedeckt. Diuretika, Nieren- und viele andere Erkrankungen erfordern Abweichungen der Zufuhr. Im Kaliummangel können die Nieren filtriertes Kalium vollständig rückresorbieren. Die **Hypokaliämie** begünstigt Extrasystolie und tachykarde Störungen des Herzrhythmus', sie führt zur generellen Muskelschwäche und Atonie auch der glatten Muskulatur bis zum paralytischen Ileus. Die **Hyperkaliämie** bedroht ebenfalls das Herz: Breite QRS-Komplexe und hohe T im EKG belegen zu hohes *intrazelluläres* Kalium, das bedeutet „Alarm!" Denn Bradycardie und Kammerflimmern können unvermittelt auftreten und lebensbedrohend sein.

Störungen von **Chlorid** (108 mmol/l im Serum) treten selten isoliert auf. Sie sind meistens an eine „Natriumkrankheit" gekoppelt und werden mit deren Therapie en passant geheilt. Chlorid ist für den Intensivmediziner von Interesse, wenn die Anionenlücke zu messen ist. Erbrechen sauren Magensafts führt zur hypochlorämischen Alkalose, umgekehrt lässt sich eine hyperchlorämische Azidose erzeugen durch chloridhaltige Infusionen. *Chlorid ist nephrotoxisch.* Es senkt die glomeruläre Filtrationsrate um 20 %. Das ist eine Menge. Die „physiologische" (das *klingt* zunächst ja gesund) Kochsalzlösung NaCl 0,9 % mit ihrem überhohen Chloridanteil (154 mmol/l versus 108 mmol/l *realphysiologisch*) ist also riskant, um per großzügiger Infusion die drohende Dialyse wegen akuten Nierenversagens abzuwenden. Chlorid kann kranken Nieren „den Rest geben". Aber nur wenn Kalium trotz prärenalen Nierenversagens normal ist, kommt als bessere Lösung eine Plasma-isoione Infusion in Frage, denn sie kann je nach Geschwindigkeit und Menge der Zufuhr das Blut-Kalium erhöhen. Ansonsten bleibt es doch bei NaCl 0,9 %.

Kalzium, Vitamin D und Parathormon sind eng verbunden. Einen normalen Serumspiegel (4,5 bis 5,3 mval/l) von Kalzium brauchen wir für (a) die elektrische Erregung unserer Nerven und Muskeln sowie (b) die Mineralisierung der Knochen. Der Bedarf von 1.500 mg/d ist am besten durch Milch- und Vollkornprodukte zu decken; viele Jugendliche und Erwachsene erreichen ihn nicht. Obwohl im Knochen gut 1,5 Kilogramm Kalzium deponiert sind, ist eine **Hypokalzämie** bei langer Krankheit häufig. Sinkt bei akut Kranken das Kalzium erheblich ab, dann liegt fast immer auch ein Albuminmangel vor. Da Kalzium in der Blutbahn jedoch zu ca. 50 % an Albumin *gebunden*, biologisch also nicht wirksam ist, bleibt der Anteil *freien* Kalziums im **Albuminmangel** meist in der Norm. Das ist der Grund, weshalb „bedenklich niedriges Kalzium" so gut wie nie *Symptome* auslöst und auch nicht behandelt werden muss. Erhält der Kranke nur Sondenkost, ist ab 1.500 kcal/d auch das Kalziumangebot ausreichend. Intravenös wird Kalzium nur bei bedrohlicher *Hyperkaliämie* gebraucht. Dann helfen 10 ml **Kalziumglukonat 10 %** (1.000 mg) sehr schnell, aber es muss wirklich langsam, über 10 Minuten, gespritzt werden! Bei Mangel an freiem Kalzium sind (über 24 Stunden zu geben) mehrere Gramm i.v. möglich. Eine milde **Hyperkalzämie** entsteht ebenfalls häufig durch lange Immobilisation. Ein zweiter Grund ist der primäre Hyperparathyreoidismus, häufig übersehen. Also: Parathormon messen! Die hyperkalzämische Krise, meist von einem Plasmozytom oder anderen malignen Tumoren paraneoplastisch verursacht, kann durch akutes Nierenversagen oder Psychose-ähnliche Verwirrtheit bedrohlich werden. *Industrielle* Kalziumpräparate, die beliebten Brausetabletten, steigern im *Langzeitgebrauch* möglicherweise das kardiovaskuläre Risiko, daher soll man sich auf *natürliche* Quellen beschränken. Aus der Vorbeugung der **Osteoporose** wird der Rat „Viel Kalzium!" womöglich verschwinden. Hier wankt ein Dogma: In einer Metaanalyse (Bolland, 2015) war die Frakturhäufigkeit *unabhängig* von der Kalziumzufuhr, geprüft wurde eine Spanne von 300 bis 1.200 mg/Tag.

Im klinischen Alltag wird **Phosphat** jenseits der Intensivstation kaum gewürdigt. Dabei ist es unentbehrlich. Wer einmal Biochemie gelernt hat, kennt bestimmt noch „ATP": Adenosin-Tri-Phosphat ist *das* Energiepartikel. Der Phosphatspiegel, normal 2,7 bis 4,9 mg/dl, wird am häufigsten gemessen wegen Niereninsuffizienz oder bei intensivpflichtig Kranken. Der Bedarf von 20 mmol/d ist zwanglos zu decken: Viele Käsesorten, jede Art Fleisch oder Wurst und auch Brote enthalten viel Phosphat. In Bier, kaum einer weiß es, steckt doppelt so viel wie in Colagetränken. Jugendliche verzehren viel zu viel Phosphat. Der Phosphatanstieg wegen Nierenversagens wird diätetisch und pharmazeutisch behandelt. Wegweisende Symptome werden von einer Phosphatstörung nicht ausgelöst: Sie muss rechtzeitig durch eine Blutprobe gefunden werden. Eine **Phosphatinfusion** kann aber auch einmal nötig werden, zum Beispiel wegen (a) hoher Glukosegabe während parenteraler Ernährung, (b) in der Therapie des Coma diabeticum, (c) im PAS und (d) zu *Beginn* der Ernährung nach langem Hungern (Phosphatspeicher leer). Über Perfusor und ZVK *oder* von peripher (dann verdünnt) infundiert man **Natriumglycerophosphat**, maximal 20 mmol/h bzw. 1 mmol/kg am Tag. Phosphat darf keiner kalziumhaltigen Lösung zugespritzt werden, sonst flockt Kalziumphosphat aus!

Ein Mangel an **Magnesium** ist bei Alkoholismus oder lange parenteraler Ernährung häufig. Der Spiegel, normal 0,7 bis 1 mmol/l, *steigt* bei Niereninsuffizienz. Obst, Nüsse und Gemüse decken den Bedarf. Diuretika senken den Magnesiumspiegel, aber meist asymptomatisch. Mit 1.500 kcal/d einer Standardsondenkost hat man genug Magnesium gegeben. Parenteral wird es meist in einer Fertigmischung (z.B. Inzolen[R]) mit weiteren Spurenelementen verabreicht.

Säuren und Basen – ein ordentlicher Haushalt? 09

Pflanzenkost ist basenreich, Fleisch ist säurebetont. Unser **Säure-Basen-Haushalt** ist von Natur aus aber derart gut gepuffert, dass *Blut- und Gewebe-pH* selbst bei sehr einseitiger Kost stoisch in ihrer Norm bleiben. Das ist auch gut so, damit der Stoffwechsel in seinem *pH-Optimum* abläuft; im Menschen reicht die pH-Spanne von 1 (im Magensaft) bis 7 (im Urin). Variabel ist nur der Urin-pH: Er steigt oder fällt je nach Säuren- oder Basen-Überschuss im Körper, aber das ist nur bei Harnsteinen medizinisch bedeutsam; saurer Urin schützt vor Infekten. Auch unter der säurelastigen *parenteralen* Ernährung werden Blut-pH, Bikarbonat und Basenexzess vor allem durch die Nieren- und Lungenfunktion bestimmt. Abweichungen des Blut-**pH** – Norm 7,37 bis 7,42 im *arteriellen* Blut (*nur das* ist von Interesse) – sind meist von Azidosen ausgelöst, entweder metabolisch (Stoffwechsel entgleist) oder *respiratorisch* durch Lungenversagen mit Kohlensäure-, das heißt: CO_2-Anstieg. *Metabolische* **Azidosen** entstehen durch mehr *Säureanfall* wegen Nierenschaden, Laktatazidose oder diabetischer, selten auch Hunger-Ketoazidose oder wegen *Bikarbonatverlust* aus Dünndarmfisteln, Durchfall oder renal-tubulärer Azidose. Häufigster Grund einer **Alkalose** ist die Hyperventilation, die „Hechelatmung". Zur Eingrenzung der Diagnose kann die **Anionenlücke** berechnet werden nach der Formel „Natrium minus Chlorid minus Bikarbonat = X" (alle in mmol/l). Eine Differenz > 14 mmol/l ist pathologisch: zu viel Säure. Ist „X" 10 bis 14 mmol/l, dann ist ein Bikarbonatverlust Ursache der Azidose. Osmotische Lücke und Anionenlücke muss man auseinander halten!

Die meist an Laien gerichtete Literatur über Säuren und Basen in der Ernährung ist uferlos. Es geht bei Trinkwasser schon los: Der Eine rät zu „Osmose-Wasser" (chemisch rein; nicht zu empfehlen), der Nächste schreibt leicht saurem (pH um 6,8) Wasser halbe Wunder zu, und anderen kann es nicht alkalisch genug sein. Denn die generelle Parole heißt: Die Säuren sind an allem Schuld, an Arthritis, Arthrose und ..., auch wenn es unmöglich ist, sich mit Fleisch eine Azidose „anzuessen" oder mit purer Rohkost eine Alkalose. Vor der Lektüre dieser Werke kann man nur warnen: „Allein für Gläubige!"

Der Begriff Vitamin (lat. *vita*: Leben) ist unscharf, weil nicht alle Vitamine lebensnotwendig von außen zugeführt werden müssen: Die Vitamine D und K kann der Körper selbst herstellen. Zudem sind viele Vit-*Amine*, chemisch gesehen, eben keine Amine. Aber sie alle sind essentiell für unzählige Stoffwechselabläufe. 20 Vitamine sind bekannt; der Mensch benötigt 13. Fettlöslich sind die Vitamine A, D, E und K („ADEK"), die übrigen wasserlöslich. Wer sich vielseitig und kalorisch ausreichend ernährt und *täglich* eine halbe Stunde für sein Vitamin D in die strahlende Sonne geht, ist gut versorgt.

*Ein Zuviel an Vitaminen ist selten, z.B. durch Missbrauch von Vitamin A („Retinoide") wegen gewünschter ganzjähriger Bräune; neumodischer Lebertran, mit dem „Hype"-Vitamin D überdosiert, hat in Italien schon Todesopfer gefordert (Pollmer, 2016). Vielen Nahrungsmitteln werden Vitamine zugesetzt, nicht weil sich der Hersteller um unsere Gesundheit sorgt, sondern aus Reklame: Denn so dürfen lt. Gerichtsurteil auch Kekse als „gesund" beworben werden! Unendlich häufiger als ein Überschuss sind und waren **Vitaminmangel-Krankheiten**. Der Mangel an Vitamin B1 führte vor Jahrzehnten in Asien millionenfach zur „Reis-Schälkrankheit" Beri-Beri; lesen Sie die Geschichte dieser Ernährungskatastrophe in Wikipedia! Tausende Seefahrer fielen fehlendem Vitamin C, der gefürchteten Skorbut, zum Opfer. Wie Vorbeuge oder Therapie möglich sein würden, wurde schließlich in England mit Zitronen bewiesen: Ganze sechs Teilnehmer in drei offenen Studienarmen genügten! Aber es dauerte Jahrzehnte, bis das Ergebnis, 1753 in London publiziert, richtig gedeutet und praktikabel umgesetzt war; Zitronen verschimmeln auch auf See sehr schnell. Sauerkraut dagegen hält lange – das hatten die deutschen Seefahrer an Bord, weshalb wir in GB noch immer die „Krauts" sind. Die Rachitis wegen Mangel an Vitamin D, die „englische Krankheit", war der schlechten Ernährung und fehlenden Besonnung in den trüben Städten der frühen Industriezeit zuzuschreiben. Im dritten Jahrtausend dominiert der Vitamin-A-Mangel. Seinetwegen sind weltweit fünf Millionen Kinder blind, an ihm sterben mehr Kinder als durch Tuberkulose, Malaria und AIDS zusammen!*

In Deutschland droht ein **Vitaminmangel** vor allem den zwei Millionen Alkoholikern: B1-, B6-, B12- und Folsäuremangel lösen viele Krankheiten aus. Jugendliche essen zu wenig Obst, zu wenig Vollkorn, zu wenig Milchprodukte und zu wenig Gemüse wie auch viele alte Menschen, die man aber nicht als „Puddingvegetarier" belächeln darf: Vollmilch ist vollwertig, nur die Ballaststoffe fehlen ihr. Stubenhocker (beinahe wir alle) und Bettlägerige kommen früher oder später in einen Vitamin-D-Mangel; seine Synthese im Körper braucht *viel* Sonnenlicht.

Spätestens der Winter bringt *alle* Menschen nördlich von Rom in Not! In der Frühschwangerschaft ist genügend Folsäure obligat, um Neuralrohrdefekte abzuwenden. Autoimmungastritis, Magen-„Amputation" oder Entfernung des End-Ileums erfordern Vitamin B12 *parenteral*. Wer die Hälfte auf seinem Teller liegen lässt, braucht ein Multi-Vitaminpräparat. 1.500 kcal/d Sondenkost decken den Bedarf. Bei rein intravenöser Ernährung müssen alle Vitamine substituiert werden, es sind einige infundierbare Fertigpräparate verfügbar. Als Tablette wird am häufigsten **Vitamin D3** (Colecalciferol) verordnet: 800 bis 1.000 E täglich, das sind 20 bzw. 25 µg. So viel wird von der DGE seit 2012 empfohlen. Diese Dosis ist mit keiner Variante unserer gemischten Kost erreichbar. (Oder würden Sie jeden Tag 11 Eier essen?) Bei Dialysepatienten, deren Bedarf *zeitweilig* doppelt so hoch sein kann, bzw. bei terminalem Nierenversagen (eGFR < 15 ml/min) werden *aktive* **Vitamin-D-Metabolite** wie Alfacalcidiol oder Calcitriol erforderlich, weil der letzte Schritt der Vitamin-D-Synthese in der Niere nicht mehr vollzogen werden kann. Wer es bequem mag, nimmt Langzeitpräparate. **Folsäure** benötigt man 500 µg pro Tag, Schwangere bekommen mehr. Bei erhöhtem Homozystein, einem Risikofaktor für Schlaganfälle, bleibt orale Gabe von Folsäure *trotz effektiver Homozystein-Senkung* wider Erwarten ohne Nutzen; warum er ausbleibt, ist ein Rätsel. **Vitamin B12** wird s.c. injiziert, bei schwerem Mangel anfangs täglich 1.000 µg, später wöchentlich 100 µg. Gegen alle Theorie werden *orale* „Riesenmengen", mehrere *Milligramm* nämlich, selbst bei fehlendem Intrinsic factor durch *Diffusion* zu einem kleinen, aber genügenden Teil resorbiert. B-Vitamine werden bei Alkohol-Folgekrankheiten oder einigen Polyneuropathien gegeben. Je zerstörter die Leber, desto eher gebe man *vor* kohlenhydratreicher Ernährung **Vit. B1** (100 mg i.v.), denn die Verwertung der Kohlenhydrate verbraucht Vitamin B1. Daher werden Weißmehlprodukte von den Dr.-Brucker-Fans als Vitaminräuber bezeichnet, nicht ganz zu Unrecht. **Vitamin C** als Tablette ist, wenn irgend möglich, durch Zitrusfrüchte zu ersetzen; 100 mg sind der normale Tagesbedarf. Intravenös kann es bei chirurgisch Schwerkranken angebracht sein, um den drastisch fallenden Spiegel zu heben; eine Studie zur Wirksamkeit fehlt jedoch. **Vitamin K** wird von normalen Darmkeimen bei sonst gesunder Flora genügend synthetisiert. Ein normaler Quickwert beweist eine normale Vitamin-K-Versorgung.

Pflanzen, insbesondere Kohlgemüse, enthalten es reichlich. Kumarin-Überdosierungen werden durch Vitamin K behoben, aber die Normalisierung der Gerinnung dauert lange. Bei niedrigem Quickwert wegen zerstörter Leber bessert Vitamin K die Lage praktisch nicht. **Vitamin E** (Tocopherol) wird als Antioxidans („Radikalenfänger") beworben; der Nutzen vorsorglicher Einnahme wird von den meisten Autoren abgestritten. Sicher ist sein Effekt gegen die Oxidation der Substrate in Nährlösungen, denen es daher zugefügt ist. Je nach Alter ist mindestens 1 mg/d **Vitamin A** nötig. Es ist unentbehrlich für unsere Augen, sonst droht die Nachtblindheit. Leber (der Tran unserer Kindertage), Fleisch generell, Vollkornprodukte und natürlich Karotten decken in Europa problemlos unseren Bedarf. Vitamin-A-Mangel (s.o.) ist weltweit leider ein großes Problem (s.u.). **Vitamin-Blutspiegel** nützen in der Diagnostik makrozytärer Anämien (Folsäure, Vit. B12, ggf. Vit. B6) und sind einen Versuch wert bei unklarer Polyneuropathie (Vitt. B1, B6, B12). Die DGE rät zur „zurückhaltenden" Messung von Vitamin D, beste Indikation ist die Niereninsuffizienz. Bei **Malassimilation**, an die Gewichtsverlust, Dauer-Durchfall, Fettstuhl, niedriges Albumin, niedriger Quickwert und niedriges Kalzium denken lassen, sollte man Vitamin A, die B-Gruppe und auch D messen.

Prototypisch für eine Interferenz **Vitamin – Pharmakon** sind die Kumarine, „Gegenspieler" von Vitamin K. Die Einnahme eines Vit.-K-Antagonisten wird oft mit subtilen Ernährungsvorschriften verknüpft. „Behalten Sie Ihre bisherige Mischkost bei, vermeiden Sie Extreme!" ist viel einfacher. Die „modernen" direkten Antikoagulantien Apixaban, Dabigatran, Edoxaban und Rivaroxaban erfordern keine Diät. Die insgesamt mehr als 100 Wechselwirkungen von Vitaminen oder Spurenelementen mit Arzneien überfordern auch das beste Gedächtnis.

Vitaminpillen, allen voran B12, Selen, Zink oder Coenzym Q 17, sind zur Vorbeuge von Herz-, Gefäß- und Tumorkrankheiten oder zum „Leistungsaufbau" enttäuschend wenig nützlich oder gänzlich unwirksam, wenn nicht sogar nachteilig! Die Bewerbung vieler dieser Präparate kann nur als Verbrauchertäuschung bezeichnet werden. Der gerne als Beweis für den Nutzen exzessiver Einnahme von Vitamin C angeführte Chemie-Nobelpreisträger Linus Pauling aus den USA, dreiundneunzigjährig verstorben, wäre mit täglich 200 mg Vit. C (er nahm gewöhnlich 20 *Gramm*) nicht minder alt geworden. Die von ihm erfundene „Orthomolekulare Medizin" ist unwissenschaftlich, ja selbst das nach ihm benannte Ernährungsinstitut fiel vom Glauben ab.

Seit Jahren ist **Vitamin D** in gewisser Weise „Kampfplatz", auf dem aber inzwischen selbst die Experten den Überblick verlieren (Der Arzneimittelbrief, Dez. 2016). Der *Blutspiegel* ist nicht nur bei alten Heimbewohnern und in äquatorfernen Ländern vor allem im Winter zu niedrig, sondern, je nach Wahl von „normalem" oder „optimalem" Grenzwert, auch bei 60 bis 80 % der Deutschen. Das Dilemma lautet: Für die meisten Menschen ist ein niedriger Spiegel offenbar ohne *biologische* Bedeutung: Sie sind „trotzdem" gesund! Die inzwischen inflationär vorgenommene Vitamin-D-Messung gilt aus pragmatischem Blick als Unsinn: Vitamin D wird weder von gesetzlichen noch privaten Kassen erstattet, streng medizinische Ursachen ausgenommen. Wer glaubt, seine vielen Beschwerden beruhten auf Mangel an Vitamin D, der kaufe ein Langzeitpräparat und beginne seinen Selbstversuch, der nur bei Hyperkalzämie oder Nierensteinen bedenklich ist. Dass Vitamin D aber z.B. Kranken mit Multipler Sklerose hilft, ist mitnichten belegt, obwohl ja auch 80 % von ihnen einen zu tiefen Spiegel haben.

Der Nutzen von **Interventionsstudien** mit Vitaminen oder Spurenelementen ist häufig wirklich enttäuschend. Man denke da nur an das „Versagen" von Folat bei Hyperhomozysteinämie oder den geringen bis fehlenden Erfolg von Kalzium plus Vitamin D zur Vorbeuge gegen osteoporotische Frakturen. Nur betagte Heimbewohner hatten einen Vorteil in einer neueren Studie, alle anderen hatten nur mehr Nebenwirkungen. Die DGE hat dem niedrigen Spiegel bei so vielen Menschen Rechnung getragen und daher den *optimalen* Vitamin-D-Spiegel mit > 30 ng/ml neu definiert, den *normalen* mit > 20 ng/ml; noch ist unklar, ob sie nicht damit über das Ziel hinausgeschossen ist. Vitamin D mag „mehr als ein Knochenhormon" sein (Schlereth, 2016), aber handfeste Belege für das „Mehr" oder wirksame Therapien brachte dieser Autor nicht bei. Mit Spannung darf die Veröffentlichung (2018?) laufender Studien erwartet werden, welche die Effekte einer prophylaktischen Vitamin-D-Einnahme prüfen.

Der Bedarf vieler **Spurenelemente** ist nicht klar, ihr Blutspiegel belegt oder widerlegt weder Mangel noch Überschuss. Ungenügende Zufuhr von **Jod** (2 µg/kg sind täglich nötig) wirkt sich schon auf das Ungeborene fatal aus. Wichtigste Quellen sind jodiertes Speisesalz und Fisch. Mit Amiodaron oder Dronedaron nimmt man gleich den dreißigfachen Jodbedarf ein. Sowohl eine Hyper- als auch eine Hypothyreose können die Folge sein; am häufigsten ist die Konversionsstörung fT4 > fT3. Das muss man wissen, sonst bleibt eine „merkwürdige" Konstellation der Werte unerklärlich. – Täglich sind 10 bis 20 mg **Eisen** zuzuführen, denn es werden nur 10 % davon resorbiert. Es wird von Fleisch und Vollkornprodukten geliefert. Vor allem junge Frauen (als oft strenge Vegetarier oder gar Veganer) können wegen des menstruellen Blutverlusts in einen schweren Eisenmangel geraten. Der Zusammenhang von Herzinsuffizienz und Eisenmangel wird zunehmend erkannt. Mangel an Ferritin, einem Protein, das die Eisenvorräte im Körper spiegelt, unterhält die „Restless legs". Weitere wichtige Spurenelemente sind **Chrom, Kobalt, Kupfer, Mangan, Molybdän, Selen und Zink.** Sie alle müssen über eine vielseitige Mischkost zugeführt werden. Spurenelemente werden unbemerkt („Verunreinigungen") in Aminosäurelösungen mitinfundiert. – **Fluor** härtet den Zahnschmelz, daher wird das Trinkwasser in einigen Staaten fluoridiert, der Nutzen ist umstritten. Zink und Selen werden heftig beworben, Indikationen und Effekte einer Supplementation sind aber nebulös. Allein die Messung eines Zinkspiegels ist schon hoch störanfällig.

Ballaststoff = Faserstoff? 11

„Ballast"-Stoff unterstellt etwas Überflüssiges, doch schon 1889 pries England im „Whole grain"-Mehl das eben nicht voll ausgemahlene Getreide. Die englische Bezeichnung „Dietary fiber" ist leider ungenau. Die *Gel-bildenden* **Ballaststoffe** aus Samenschalen von Plantago afra und Plantago ovata oder die Hemizellulose *quellen* durch Binden von Wasser. Durchfall und auch Verstopfung können sich bessern. Die ebenfalls unverdaulichen **Faserstoffe** in Gemüse, Hülsenfrüchten, Kleie oder Leinsamen dagegen quellen *nicht*, sondern sie erzeugen während der Darmpassage dank *bakterieller Fermentation* leider *Gas* („jedes Böhnchen ..."), sie werden daher oft gemieden. Zusammen nennt man die Stoffe aus Ballast und Fasern **Nicht-Stärke-Polysaccharide**. „Her damit!" (mit wenigen Ausnahmen) heißt die Parole, denn sie sind alles andere als unnützer Ballast, so die Lehrmeinung. Fragen Sie aber Reizdarmspezialisten, werden Sie hören, die NSP hätten keinerlei Nutzen, nicht einmal zur Minderung des Dickdarmkrebses. Also: Stürzen Sie sich selbst in dieses Getümmel und studieren Sie die Studien!

Diese Nicht-Stärke-Polysaccharide sind uns seit undenklichen Zeiten nützlich, denn diese *unverdaulichen* pflanzlichen Großmoleküle wie Zellulose oder Pektin sättigen, ohne dick zu machen. Sie erhöhen das Volumen des Stuhls und erleichtern so seine Entleerung. Sie wirken als **Präbiotika** günstig auf die Myriaden Mikroorganismen im Kolon, sie sollen der Atheromatose und dem Dickdarmkrebs vorbeugen. Aus den wasserlöslichen **Fruktooligosacchariden** werden nach Fermentation durch Bakterien im Kolon kurzkettige freie Fettsäuren abgespalten, die vom Epithel „vor Ort" energetisch verwertet werden und so seine Integrität schützen. Die Mukosa ernährt sich nämlich zu 70 % direkt aus dem Darminhalt und nur zum kleineren Teil über die Blutbahn. Trotz aller Aufforderungen, mehr Ballaststoffe zu essen, sinkt die Zufuhr. Mit Hülsenfrüchten, Vollkornprodukten, Obst und Gemüse sollten täglich **30 g Ballaststoffe** verzehrt werden. Der Mangel wird, sozusagen ausgerechnet, durch die Lebensmittelindustrie gelindert, indem sie Johannisbrotkernmehl, Guargummi, Gummi arabicum oder Inulin (in Spargel oder Topinambur) als unverdaubare **Dickungsmittel** in vielen Produkten unterbringt, nur um sie sämiger zu machen. Alle Hersteller bieten ihre Trinknahrung und Sondenkost ohne oder mit Ballaststoffen an. Deren Anteil reicht von nur 2 g bis zu (vielen Menschen ungewohnten) 15 g/1.000 kcal. Also müssen Sie das Etikett der Flasche lesen! Rein parenterale Ernährung schließt naturgemäß jegliche Zufuhr aus. Nach langer intravenöser Ernährung wird man mit Sonden- oder Trinknahrung beginnen, die frei von Ballaststoffen ist, insbesondere, wenn eine exokrine Pankreasinsuffizienz vorliegt. Bei Kurzdarmsyndrom gibt man *nie* Ballaststoffe.

Alkohol!

Kaum eine Kultur der Menschheitsgeschichte verzichtete völlig auf Rauschmittel. Weltweit ist Alkohol die **Droge Nr. 1**, fast überall legal. In kleinen Mengen entspannt er uns, selbst das Über-Ich ist „in Alkohol löslich" ... Seine Kehrseite heißt Sucht, beruflicher und sozialer Abstieg, Gewalt, tödliche Unfälle und gesundheitlicher Ruin von Alkohol-embryopathie bis Zirrhose. 90 % der Deutschen gehen vernünftig mit Alkohol um: 20 % sind konsequent abstinent, 70 % trinken sozial verträglich. Aber mehr als 10 % trinken hemmungslos, und mehr als zwei Millionen Deutsche sind alkoholabhängig. Das ist seit Jahrzehnten eine gesetzlich anerkannte Krankheit, die Behandlung wird von den Sozial-versicherungen bezahlt. Schon vor 500 Jahren stöhnte Martin Luther, auch kein Asket: „Gantz Teütschland ist vom Sauffen geplagt. Wir schreiben und preddigen dagegen, allein es hülfet nicht viel."

Die Weltgesundheitsorganisation (WHO) zählt den Alkohol (C_2H_5OH, Äthanol; engl.: ethanol) zu den zehn bedeutendsten Gesundheitsrisiken. Trotz „ein bisschen" Schutz vor der KHK – die Bilanz *sämtlicher* **Folgen** des Alkohols ist klar negativ. Entscheidend ist nicht, *was*, sondern *wie viel* getrunken wird. Schon geringe Mengen *verdoppeln* das Kolonkarzinom-Risiko, es *verhundertfacht* sich für Tumoren des oberen Speisewegs. Alkoholiker sind oft unterernährt, leiden an Unfallfolgen, Pankreatitis, Kardiomyopathie, Polyneuropathie, Mangel der Vitamine B1 und B12, Kleinhirnatrophie, Hirnblutungen, Tumoren, versagender Leber, Stürzen, Ulkus- und anderen Blutungen, epileptischen Anfällen, hohem Narkoserisiko, Infekten oder dem grausigen Delir. Das auch in der Roten Liste genannte „letzte Mittel" gegen ein Delir ist Äthanol pro infusione. Aber ist das eine Lösung?

Eine normalgewichtige Frau kann sich nur 12,5 Gramm, ein Mann dagegen 25 Gramm Alkohol drei bis vier Mal pro Woche genehmigen. Aber nicht am Arbeitsplatz (vier Millionen Deutsche tun es) und nie, leider eine Illusion, vor dem Autofahren: Eintausend Deutschen bliebe der Verkehrstod erspart, jedes Jahr. Alkohol ist auch in medizinischen Berufen verbreitet. Die Schwierigkeit zu entspannen und chronische Schlafstörungen sind die Begründungen.

Nur vier Fragen, zum „CAGE"-Test zusammengefasst, können jedem vor Augen halten, wie nahe die Alkohol-**Abhängigkeit** ist:

> **Cut down?** „Haben Sie mal überlegt, weniger zu trinken?"
> **Annoyance?** „Schon über Kritik an Ihrem Trinken geärgert?"
> **Guilty?** „Haben Sie Schuldgefühle wegen Ihres Konsums?"
> **Eye opener?** „Brauchen Sie schon morgens was?"

Zum Schätzen der Alkoholmenge genügt (a) das Lesen der „Vol. -%" auf dem Etikett und (b) im kleinen Dreisatz rechnen. Das ist für viele Zeitgenossen schon zu viel ... Unsterblich wahr hat Wilhelm Busch schon vor über 100 Jahren gewusst, und das gilt nicht nur für Alkohol und unsere Ernährung, sondern für alles, auch unsere Moral:

„Das Gute, dieser Satz steht fest, ist stets das Böse, das man lässt!"

Empfindsame Darmmotilität – „... rien ne va plus?"   13

Zwischen der Aufnahme eines Bissens Brot und der Abgabe seiner Reste liegt eine Reise durch das Dunkel unseres Verdauungskanals von 24 bis 72 Stunden Dauer und etwa 6 Metern Länge. Mehrere Engen sind zu passieren, literweise strömt hoch aggressive Flüssigkeit durch einen Röhrenverbund, der auch in der Schwerelosigkeit funktioniert, und am Schluss ensteht eine Melange aus etwas Wasser mit wenigen unverdauten Nahrungsresten, aber viel abgeschilferter Darmschleimhaut und Massen von E. coli, was all zusammen wir am Ende als „Stuhl" ausscheiden. Im Verein mit einer Fülle chemischer und hormoneller Signalstoffe reguliert das autonome Nervensystem den durchgehenden Betrieb dieser respektablen Verdauungsmaschine. Was früher einmal mit Angst („Der Tod sitzt im Darm!") und Scham bedeckt war, hat heute angeblich Charme. So Denkwürdiges wie der Magenschrittmacher, die Erfindung einer „Achse" zwischen Hirn und Darm, die Stuhltransplantation oder die Erhebung eines Häufleins Dung zum Mikrobiom halten jetzt ernsthaft Einzug in die wissenschaftliche Medizin des dritten Jahrtausends.

Wie jedes komplexe Gebilde ist auch der Gastrointestinaltrakt störanfällig. Glücklicherweise dauern viele Beschwerden nur kurz und haben keine bedenkliche Ursache. Bedrohlich wird es bei schweren Allgemeinkrankheiten, im Schock jeder Ursache oder nach großer Bauchchirurgie. Einige Störungen (Pylorusstenose, Megacolon) sind angeboren oder sie manifestieren sich im Lauf des Lebens (Laktoseintoleranz, Achalasie), manche werden durch Essen verstärkt (gastro-ösophagealer Reflux) oder sie bessern sich (Obstipation gelindert durch Ballaststoffe) unter „richtiger" Ernährung. Unerwünscht ist es in der Medizin, wenn gastrointestinale Krankheiten die *enterale* Ernährung erschweren oder schlimmstenfalls unmöglich machen. Viele Medikamente (Antibiotika, Anticholinergika, Kalziumantagonisten, Opioide u.a.) haben Effekte auf den Magen-Darm-Kanal. Die **Leitsymptome** Völlegefühl, Übelkeit, Aufstoßen, Sodbrennen, „Magendruck", Bauchschmerzen, Durchfall, Verstopfung, perianale Beschwerden sowie auffällige Auskultation, Palpation und Perkussion entlarven sich in der Praxis bei der Hälfte der Rat Suchenden als *funktionell*: Es lässt sich kein organischer Grund nachweisen. Im Pflegeheim oder in der Klinik aber nimmt die Zahl ernsthafter Ursachen drastisch zu.

Die **Rom-Klassifikation** (2006) nennt dreißig *Funktions*-Störungen von Globusgefühl bis Proctalgia fugax, dem flüchtigen Enddarm-Schmerz. Die Zahl *pathoanatomisch definierter Krankheiten* ist dagegen Legion, sie füllen die Lehrbücher. Hier bleibt die Auswahl begrenzt. Zur Sprache kommen aber der Zugang zu diesen Symptomen am Krankenbett, die Mittel zur Beeinflussung der intestinalen Motilität und natürlich auch die Frage „Darf ich weiter enteral ernähren? Reicht eine Ernährungspause? Oder soll ich gleich den Chirurgen holen?" Wer sich en detail belesen will, beachte die o.a. Literatur (Keller, 2013; Mössner, 2015) oder rufe die **Leitlinie** (S3) „Motilitätsstörungen des Gastrointestinaltrakts" der Deutschen Gesellschaft für Gastroenterologie, Verdauungs- und Stoffwechselkrankheiten auf.

Was der Arzt zu bedenken hat, wenn er auf einen Kranken mit den o.a. Leitsymptomen trifft, hängt sehr vom Ort der Begegnung ab. In der Allgemeinpraxis wird er am häufigsten mit Refluxbeschwerden, Gastritis- versus Ulkusverdacht, chronischer Verstopfung und Durchfall konfrontiert. Auf reichlich **funktionelle Dyspepsie** folgt eine Menge Reizdarm, lästig für die Betroffenen (und den Medicus). Die Empfehlung „Nichts essen!" ist oft die beste, und mit etwas symptomatischer Therapie, hart am Rand des Placebo-Niveaus wie mit „Carminativa" oder Butylscopolamin (nur < 5 % resorbiert), verschwinden viele Beschwerden wieder. Akute **Gastritis** und **Ulcus** ventriculi bzw. duodeni werden schon lange nicht mehr mit Diät behandelt: Der Kranke isst, was er verträgt, lässt Alkohol und Rauchen sein und nimmt ansonsten konsequent einen Protonenpumpen-Inhibitor (PPI). Das müssen auch alle mit **Refluxösophagitis** tun, kleine und fettarme Mahlzeiten sind angemessen. Viele Kranke müssten viel abnehmen, um, kausaltherapeutisch wirksam, den Druck im Bauchinneren zu senken.

Wer **akute Diarrhoe** beklagt, braucht meist nur die AU-Bescheinigung vom Hausarzt, seltener eine mikrobiologische Stuhluntersuchung oder eine selbst fabrizierte oder käufliche orale Rehydratationslösung. Je jünger oder je älter der Patient ist, desto häufiger muss man den Wasserverlust parenteral ausgleichen, auch durch subkutane Infusion einer gepufferten Ringerlösung bei alten Menschen. Ganz junge und hoch betagte Kranke werden besser stationär behandelt. „Stopfend" wirken Weißbrote, reife Bananen, geriebener (also oxidierter) Apfel oder Schokolade. Fruchtsäfte wird man meiden. Flohsamen (Psyllium; Metamucil[R]) quellen auf, so absorbieren sie Wasser im Darmlumen und bessern eine wässrige Diarrhoe. Arzneilich wirkt am besten **Loperamid** (Imodium[R]; viele Generica). Es gibt viele Varianten (Tropfen, Kapseln, sublinugal). Es gehört in alle Reiseapotheken. Morphinlösung 1 %, die alte „Tinctura opii", von Paracelsus vor 500 Jahren in Wein („Laudanum") gelöst, gebe man wegen des Suchtpotentials nur im Krankenhaus (und immer *nur* als zweite Wahl). Die **Anticholinergica** wie BuscopanR, SpasmexR, SpasmolytR, viele Urologica gegen Drangurie und auch manche Psychopharmaka wirken v.a. nach parenteraler Gabe sehr gut spasmolytisch. Sie können den Darm förmlich lahmlegen, und nicht nur ihn: Mundtrockenheit, Blendungsempfindlichkeit (Mydriasis), bis zum Glaukomanfall steigender Augeninnendruck, Temperaturanstieg wegen Schweißmangels, erschwertes Wasserlassen bis zum Harnverhalt und zentral-anticholinerges Syndrom (ZAS) sind ein hoher Preis! Krämpfe bei **Reizdarmsyndrom** können gut auf Mebeverin (DuspatalR) ansprechen, das aber allergen bis zum Quinckeödem ist. Sein Vorzug ist, keine anticholinergen Nebenwirkungen zu haben. Bei langstreckiger Mukositis kann der Durchfall bei bekanntem **M. Crohn** bzw. **Colitis ulcerosa** *chologen* (durch im Darm verbleibende Gallensäuren bedingt) sein; dann versucht man Colestyramin (QuantalanR), das Gallensäuren abbindet. Durchfall wegen meist diabetisch-autonomer **Neuropathie** kann auf Clonidin oder Octreotid (SandostatinR) ansprechen. Letzteres wird auch bei Diarrhoe durch seltene, endokrine Tumoren wie Vipom oder Dünndarmkarzinoid sowie bei Kurzdarm- und Dumpingsyndrom eingesetzt. Nach vier Wochen ist die Diagnose **chronische Diarrhoe** erreicht. Spätestens dann muss die Suche nach der zutreffenden von 100 Ursachen beginnen, indes die symptomatische Behandlung immer weniger wirkt. Ein tägliches Problem ist Durchfall unter Sondennahrung, ausführlich dort behandelt. Durchfall trotz *parenteraler* Ernährung erfordert die gleichen Überlegungen.

Bewegungsarmut, Stress und unsere moderne, will sagen: ballaststoffarme Ernährung sind die Hauptgründe der **chronischen Obstipation**, an der sich in Deutschland jeder zweite Erwachsene abmüht. Die „Erziehung" des Darms spielt eine große Rolle: Denn wer ihn dauernd ignoriert und nicht dann entleert, wenn *er* will, der wird früher oder später dafür mit Verstopfung bestraft. Der Rat, nach dem Frühstück mit der Zeitung für eine Weile zu verschwinden, ist physiologisch gut begründet, denn die Kolonperistaltik ist am eifrigsten nach dem Erwachen und, dank des gastro-kolischen Reflexes, nach der ersten Mahlzeit des neuen Tages. Dann kann der Chymus mit einem Tempo von gut einem Zentimeter pro Minute in Richtung Ausgang geschafft werden. Dieses Ritual muss man üben. *Täglicher* Stuhlgang ist nicht Teil der Bürgerpflichten, die Spanne reicht von „dreimal täglich" bis „alle drei Tage". Wer eine zügige Peristaltik hat, sieht schon nach 24 bis 36 Stunden Residuen des Gegessenen (Spinat z.B.); als normal gelten weniger als 72 Stunden **Kolontransitzeit**. Die früher befürchtete „Autointoxikation" durch langen Stuhlverhalt findet nicht statt, so dass auch seltener Stuhlgang, nur *einmal* in zwei bis drei Wochen, unschädlich bleibt. Natürlich darf keine mechanische Ursache vorliegen, und der Arzt sollte sich bemühen, bei bettlägerig Kranken doch alle drei Tage eine Entleerung zu erwirken, sonst wird es immer schwerer. Ballaststofffreie enterale Ernährung senkt das **Stuhlvolumen** (normal ~ 150 ml/d) und damit die Häufigkeit der Entleerung – nicht mit Obstipation verwechseln. Unter totaler *parenteraler* Ernährung fallen *pro Woche* „immer noch" 200 g Stuhl an: Er besteht aus abgeschilferter Darmschleimhaut – sie wird *täglich* erneuert! – und reichlich Bakterienmasse. Ist ein Bauch klinisch unverdächtig, kann man ohne Sorge alle Laxantien einsetzen, um den ersehnten Erfolg zu erzielen. Die Therapie einer jahrelangen, „eingefahrenen" schweren Verstopfung ist dagegen mühsam.

Die **Beurteilung des frisch Bauchoperierten**, der noch nicht abgeführt hat, ist schwer. Es können ja vorliegen (a) eine verlängerte, aber noch physiologische Atonie, (b) ein nur *paralytischer* oder (c) ein operationsbedürftiger *mechanischer* Ileus! Hier muss auch der erfahrene Arzt alle Register ziehen, um durch Auskultation, rektale Untersuchung, Messen der gastralen Refluxmenge, Sonografie, konventionelles Röntgen oder gar CT des Abdomens zur zutreffenden Einschätzung zu gelangen. Die Atonie („Trägheit") des Magens nach Bauchoperation ist meist 8 Stunden später weitgehend überwunden, das Kolon braucht ein bis zwei Tage. Mehr als 1.000 ml/d Drainvolumen aus dem Magen beweisen, dass er noch aton ist. Das Ziel ist, früh mit enteraler Trink- oder Sondennahrung zu beginnen: Nur 10 bis 20 ml/Stunde einer hochmolekularen Kost, zunächst ohne Ballast-Stoffe, sind der richtige Anfang. Viele Magenoperierte tragen wegen Läsion des N. vagus oder seiner Äste eine mehr oder weniger schwere **Gastroparese** davon, zu der auch eine Hyperglykämie (> 200 mg/dl) beitragen kann. 5 % der Diabetiker, vor allem vom Typ 1, haben eine schwere Magenlähmung aufgrund der autonomen Neuropathie. Finden sich noch nach acht

Stunden Nüchternheit Nahrungsreste im Magen, wird die Diagnose *klinisch* gestellt. – Die schwerste Hemmung der Dünndarmmotilität kommt bei fortgeschrittenem Parkinsonsyndrom vor: Die *akute* intestinale **Pseudoobstruktion** („AIPO"), auch Ogilvie-Syndrom genannt, wird durch den gemeinsamen Einfluss von Parkinsonerkrankung plus Antiparkinsonika ausgelöst. Die *chronische* („CIPO") Variante indes ist häufiger, ebenfalls äußerst schwer, und auch sie lähmt überwiegend den Dünndarm. Die Ursache bleibt häufig ungeklärt. Generalisierte Muskelkrankheiten, neurotoxische Chemotherapie, Strahlenenteritis oder, besonders tückisch, Baucheingriffe können Auslöser sein. Klinisch imponiert ein intermittierendes bis chronisches Sub-Ileusbild mit passenden bildgebenden Befunden, aber ohne eine *tatsächliche* (daher Pseudo …) intestinale Obstruktion. Die erste Manifestation wird nur bei 5 % der Kranken als „CIPO" erkannt, bei den anderen wird wegen der nicht geheuren Lage laparotomiert mit Absaugen des Darminhalts und Anlage einer Zökalfistel. Diese Laparotomien sind leider nutzlos und deshalb zu vermeiden. Das zu *fordern*, ist freilich leicht, und „in dubio pro operatione" ist schon oft das Rettende gewesen!

Durch Ernährung allein sind die schweren intestinalen Motilitätsstörungen nur wenig zu beeinflussen. Meist schlägt man kleine, eher fettarme Mahlzeiten oder Trinknahrung vor, wenn der obere „GI"-Trakt betroffen ist. Mangelnde Peristaltik im Jejunum oder Ileum ist kaum angehbar, kein Prokinetikum ist explizit für Dünndarmkrankheiten zugelassen. Die Behandlung der **chronischen Obstipation** beginnt mit ballast- und faserstoffreicher Kost, ergänzt um z.B. geschroteten Leinsamen. Viel bewegen hilft, viel trinken nützt nur bei Wassermangel. Alle **Abführmittel** wie (alphabetisch) Bisacodyl, Laktitiol, Laktulose, Linaclotid, Macrogol, Natriumpicosulfat, Prucaloprid, Sorbit und Sennosid sollte man nur in Absprache mit einem Arzt einnehmen, ausgenommen nur kurze Anwendung. Häufig genügt ein Klysma oder ein Zäpfchen wie das CO_2 freisetzende Lecicarbon[R] Supp., mit dessen Hilfe viele Kranke die Uhrzeit der Entleerung gut voraussschätzen. Zahlreiche Medikamente (s.o.) stopfen, also versucht man, sie abzusetzen oder geringer zu dosieren. Wird mit Sondenkost ernährt, wählt man bei Obstipation Ballaststoff-reiche (bis 15 g/1.000 kcal; langsam aufdosieren), aber bei Gastroparese oder Reflux schaden sie. Bei rein parenteraler Ernährung wird der Darm mit einem meist Neostigmin-haltigen

„Ileusperfusor" stimuliert. Nach Bauchchirurgie dürfen *gasbildende* Laxantien wie Laktulose und Laktitiol nicht eingesetzt werden. Sie können bei ausbleibender Entleerung schlimmstenfalls eine akute Pseudoobstruktion (AIPO) auslösen!

Es ist leichter, eine *gesteigerte* intestinale Motilität pharmazeutisch zu bremsen als eine gehemmte, retrograde oder „dyskinetische" Peristaltik wieder in orthograden Gang zu bringen. Nur vier Arzneien sind als **Prokinetika** zugelassen: Metoclopramid (MCP; Paspertin[R]; nicht länger als fünf Tage anwenden und andere Beschränkungen!), Domperidon (Motilium[R]), Prucaloprid (Resolor[R]) und Methylnaltrexon (Relistor[R]), das gespritzt werden muss und nur zur Durchbrechung der opiatinduzierten Atonie bei *palliativer* Therapie zugelassen ist. Da es die zentralen Effekte wie Analgesie, Euphorie oder Sedierung nicht aufhebt, wird Methylnaltrexon auch in der Akutmedizin eingesetzt, aber „off label". Ebenfalls außerhalb der Zulassung kann bei Gastroparese Erythromycin (40 bis 250 mg) vor jeder Hauptmahlzeit versucht werden. Leider schwindet der Effekt wegen Gewöhnung (Tachyphylaxie) nach wenigen Wochen oder schneller. Zur Magenentleerung vor einer Notfallendoskopie kann man Erythromycin auch i.v. geben.

Hinter gestörter Motilität verbirgt sich häufig eine *verminderte* Peristaltik. Erkrankungen des Ösophagus verlangsamen (Norm < 30 s) die Passage; die Sklerodermie ist das Paradebeispiel. **Gesteigerte Motilität** ist, wenn man von der (mindestens) Million Durchfallkrankheiten einmal absieht, seltener. Überstürzte Magenentleerung rührt meistens von einem resezierenden Eingriff her mit Roux-Anastomose, als frühes **Dumingphänomen** in klassischer Weise. Durchfall, mehr als drei ungeformte Stühle/Tag, ist der typische Beleg einer zu raschen Passage, extrem beim **Kurzdarmsyndrom** (verbliebener Dünndarm < 200 cm) oder nach Dickdarmentfernung. Kommt ein Kranker anamnesefähig ins Krankenhaus, ist die Frage nach Bauchoperationen, Durchfall, Verstopfung und Allergien gegen Nahrungsmittel zu stellen. Kann der Patient keine Auskunft geben, weil er bewusstlos oder aphasisch ist, dann müssen diese Angaben rasch beschafft werden, weil sie für die Deutung zahlreicher Phänomene unter Sondenkostgabe oder intravenöser Ernährung wichtig sind.

Gutes Essen – sogar im Krankenhaus? 14

Den antiken Griechen war nur der ein guter Arzt, der gut kochen konnte! Ihre „diaita"
umfasste eine bei weitem nicht auf das Essen begrenzte ideale Lebensführung. Heute
liegt die Kochkunst nicht mehr beim Arzt, aber er muss wissen, was seine Helfer tun.

Ist das **Ernährungsangebot** in Ordnung? Die Antwort muss immer
„Ja!" lauten, denn nirgendwo sonst ist die Auswahl an Ernährung grö-
ßer. Vom Frühstücks- und Abendbuffet über „internationale Küche"
am Mittag reicht die Palette zu Vegetarischem, pürierten Speisen und
Diäten. Mehr als 50 Trink- bzw. Sondennahrungen sowie 100 Infusionen kommen dazu, von NaCl 0,9 % bis zur i.v.-Komplettlösung. Wer
kauft was wo ein? Gesunde Ernährung beginnt mit dem Einkaufen,
und das setzt viel Wissen voraus! Der Küchen- bzw. Verwaltungschef
muss wählen: Soll alles Essen *verzehrfertig* geliefert werden? Das ist
„Catering". Oder sollen auch Krankenhäuser und Altenheime nur beim
nächsten Ökobauern oder Biometzger einkaufen und dann alles selbst
zubereiten? Oder soll man, daheim mangels Zeit, im Krankenhaus
mangels Personal, auch vorgefertigte oder tiefgefrorene Produkte
nehmen? Ist ein wunderbar erdachter **Ernährungskodex** wirklich mit
Leben zu füllen? Denn de facto regiert doch das Budget über das Essen:
3 bis 7 € pro Patient/Tag, das ist die Spanne! Die meisten Köche müssen mit dem „Hartz IV"-Satz auskommen. Überzeugen Sie Ihre Ge-
schäftsleitung, dass mehr Geld für besseres Essen nicht verpulvert ist.
Denn die Liebe zur Klinik geht entschieden auch durch den Magen!

Wer soll wovon wie viel haben? Natürlich wählt der Kranke selbst –
der Arzt soll es aber erfahren. Das muss bei leicht Kranken nicht im
Detail geschehen, global genügt eigentlich die Frage: „Wie ist Ihr Appetit?" Ist er schlecht, muss der Arzt nachhaken. Appetit und Gemütslage haben viel miteinander zu tun. Sind Einschränkungen der Ernährung absehbar, sollte sie der Arzt gleich bei der Erstuntersuchung ab-
sprechen. „Ärztlich verordnete Diät" klingt gut, ist aber schlecht, wenn
der Kranke ihren Sinn nicht begreift oder sie nicht mitmachen wird,
v.a. bei Kalorienrestriktion. Je kränker der Mensch, desto mehr muss
der Arzt die „Eckdaten" der gedachten Ernährung festlegen, also Kalo-
rienzahl, Trinkmenge, eiweißreiche oder kaliumarme Kost oder was
auch immer. Die Ausgestaltung darf er der Diätassistentin überlassen,
im Ideal auch einem geduldigen Koch, der den Kranken aufsucht! Bei

Schluckstörungen hat der Schlucktherapeut oder die Logopädin das Vorschlagsrecht. Das Vertrauen darauf, der Kranke werde das Versprochene oder vom Arzt Zugedachte wirklich verzehren, ist gut. Besser ist ein bisschen Kontrolle: wöchentlich wiegen, selten öfter, z.B. bei drastischer Diuretikatherapie. Lupfen Sie bei der Visite doch mal den Deckel über dem Teller des Patienten und fragen Sie: „Na, was haben Sie denn heute so gegessen?" Die Antwort des Kranken sagt alles!

Standardisierte Bögen zur **Erfassung des Ernährungszustands,** einige stehen zur Wahl, liefern in wenigen Minuten eine objektive Messzahl, die gut aktenkundig zu machen ist. Wurde der Patient aber noch vor seinem Kontakt zum Arzt gemessen und gewogen, dann genügen dem Erfahrenen, während er beiläufig nach Appetit und Gewichtsveränderung in den letzten Monaten fragt, wenige Sekunden, in denen er den fast entkleideten Kranken „durch die Ernährungsbrille" ansieht, um so sicher wie ein Assessment (ein abstoßender Begriff) die zutreffende Einschätzung zu erhalten, die in wenigen Worten zwar nur semiquantitativ, aber anschaulicher als der BMI oder ein „Score" (eine Punkteskala) beschreibt, ob es an Muskeln oder Fett oder beidem mangelt, oder wo (Abdomen, Hüften, Oberschenkel?) das zu viele Fett sitzt. Ob Wastingsyndrom (verzehrt; AIDS-Kranke), Kachexie (durch Krebs ausgezehrt), Marasmus (verfallen) oder Sarkopenie (Muskelmangel) etwas Verschiedenes bedeuten, sei dahingestellt. Kranke anschaulich zu beschreiben, ist eine Kunst, die im letzten Jahrtausend endgültig versiegt ist: Lausige PC-Phrasen lassen den Geist nun auch noch des Lesers veröden! Kein ärztlicher Bericht kommt über *ein* Attribut zum Allgemein- oder Ernährungszustand hinaus.

Wer es sich leisten kann, hat ein **Ernährungsteam.** Ihm sollen angehören: der betr. „Medizinische Ernährung" beste Arzt, die Diätassistentin, die schlucktherapeutisch versierte Logopädin, eine erfahrene Krankenschwester, gelegentlich der Klinikapotheker und, im Alltag wohl eine Rarität, auch der Chefkoch. Ab und zu werden Chefarzt und Geschäftsführer geladen, gelockt werden sie mit der Erlösrelevanz, so heißt das, der Diagnose „Fehlernährung" (R.64). Eine wichtige Aufgabe insbesondere des Apothekers ist, die Zahl der Präparate klein zu halten. Das Team schult Krankenhausmitarbeiter, Patienten und Angehörige und betreut Kranke auch zuhause, wenn die künstliche Ernährung weitergeht. Der Standardpatient braucht kein Ernährungsteam. Ideal ist eine **Ernährungsvisite**, weil der Patient unvermittelt mithört und mitredet, denn jeder Diätversuch *gegen ihn* wird scheitern. Aktueller klinischer Befund und „Kurvenlage" führen unverzüglich zu Entscheidungen: Andere oder mehr, selten auch weniger Nahrung oder Flüssigkeit, anderer Zugang, Entfernen eines Zugangs, Kontrolle von Laborwerten, individuelle Beratung durch die Diätassistentin oder den Arzt sind das Ergebnis einer guten Ernährungsvisite. Das ist die Theorie. Praktisch fehlt für sie überall die Zeit, weil sie viele Spezialisten zu lange bindet. Deshalb muss jeder Beteiligte wenigstens auf Mängel der Ernährung achten und sich dann auf dem „kleinen Dienstweg" beraten mit dem, der am ehesten Abhilfe schaffen kann.

Wie bringe ich das Essen an den Mann? Im schlechtesten Fall hängt der erschöpfte Kranke flach und schief hinter seinen Bettgittern und kommt nicht an das Essenstablett oder, nach dem Essen, an sein Getränk heran. Ihm werden rasch zwei krustige Brötchen geschmiert, während die Zahnprothese im Irgendwo liegt. Der kochend heiße Kaffee schwappt zum Glück aus der Tasse, und schon räumt die Stationshilfe oder ein „outgesourcter" Mitarbeiter des Essenslieferanten alles ab, ohne das Desaster *aktenkundig* zu machen. Also: Der Kranke soll aus dem Bett geschafft werden, zusammen mit anderen essen, Hilfe erhalten („Frühstücksdirektor") und Zeit haben dürfen, und das Verzehrte muss in den Überwachungsbogen eingetragen werden. Am schönsten ist, wenn der Kranke sich zu einem adretten Speisesaal begeben kann und an einem ansprechenden Büffet wählen darf bzw. aus der Küche sein Essen frisch serviert erhält. Das hebt seine oft trübe Stimmung und damit den Appetit. Leider findet sich diese Restaurantverpflegung in nur wenigen Kliniken.

Was isst der Mensch? Und ist der Mensch, was er isst? Wenn es keine medizinische Einschränkung gibt, isst jeder Vollkost, die man im Krankenhaus, das klingt verlockender, Wunschkost nennt. Alle Zutaten sollen frisch, frei von Schadstoffen und möglichst naturbelassen sein (trotz EHEC?) bzw. schonend gegart werden. Alles ist schmackhaft, aber mit nur wenig Salz zu würzen und soll sich nicht oft wiederholen. Das erscheint unmöglich, aber es ist leicht, und Sie alle wissen, wie es geht. Deshalb steht es hier nur im klein Gedruckten:

Man serviere zum **Frühstück** Vollkornbrot, wenigstens hälftig, ansonsten Mischbrot, lege ab und an etwas Knäckebrot dazu, samstags und sonntags ersatzweise ein „Körner"-Brötchen oder knusperndes Baguette. Als Belag dienen etwas Butter oder ungehärtete Margarine, nicht zu magerer Speisequark und Käse, sparsam Marmelade und Honig und durchaus täglich ein Hühnerei, das 10 Minuten gekocht wurde, denn 0,5 % der Eier haben leider Salmonellen. Als Getränk gibt es Kaffee oder Tee, ergänzbar um ein Gläschen frische Vollmilch, sonntags auch mal Frucht- oder Multivitaminsaft. Variantenreiche Müsli, nicht gezuckert oder schokoladisiert, kommen dazu. Frischobst nach Saison soll ansprechend „herumstehen" oder dem Kranken serviert werden.

Vielen Kranken mit wenig Appetit ist eine schmackhafte, fein pürierte Gemüsesuppe das Beste vom **Mittagessen**. Dessen Zentrum sei nicht das Fleisch, sondern Gemüse aller Art (s.u.), es soll etwa den halben Teller füllen. Dazu kommen Kartoffeln (vier Mal/Woche, auch mal als Bratkartoffeln oder sog. „Bauernfrühstück"), Reis und Nudeln ein- bis zweimal. Samstag ist Eintopftag, Erbsen, Bohnen und Linsen tun viel Gutes, das Brötchen als Beilage schenke man sich. Der Gesundheitswert von Blattsalat wird weit überschätzt. Als Beilage füllt er, zumindest in den meisten Häusern, ohnehin oft nur ein Schälchen, etwa feigenblattgroß. Leider ist Salat häufig mit Nitrat belastet.

Für eine am Minimalbedarf ausgerichtete Ernährung genügt es, wöchentlich zweimal etwas Fleisch, gleich von welchem Tier, à etwa 100 g zu verzehren, das sind nur 10 kg/Jahr. **Die WHO sagt: 20 Gramm Fleisch/Tag sind genug.** Jeder Deutsche verzehrt indes fast 100 kg/Jahr Fleisch und Wurst! (Albert Einstein hat vorgeschlagen, man dürfe nur die Tiere verzehren, die man selbst getötet und geschlachtet hat.) – In der Küchenpraxis kann man ja mit zunächst drei fleischfreien Tage in der Woche beginnen. Das gelingt mit dem Eintopf-Tag (Erbsen, Bohnen, Linsen, Möhren, Lauch, Kartoffeln) und Nudel-Gemüse-Auflauf oder vegetarischer Pizza. Wer weniger Kohlenhydrate, aber mehr Eiweiß auf dem Teller haben will, kommt allerdings kaum um mehr Fleisch herum. Wird Fleisch verwendet, variiere man zwischen Rind, Schwein, Geflügel und Fisch sowie gelegentlich Lamm oder Wild und serviere kleine (d.h. nicht mehr als 150 g), aber schön angerichtete Portionen als Amuse geule. Die Zubereitung soll fettarm erfolgen (Dampfkonvektomat; Backofen), die „weißen Plattenfette" sind aus der Küche zu verbannen. Ein kleiner Nachtisch rundet das Essen ab, am besten Quark oder Joghurt mit Früchtchen, nicht aus der Dose, ohne Zucker. Auch ein Stück Frischobst oder etwas Obstsalat als Dessert sind gut.

Gemüse kochen ist viel Arbeit. Heute wird gern auf teure, aber meist gute Gefrierprodukte zurückgegriffen. Artischocken, Blumen-, China-, Grün-, Rosen-, Rot-, Weiß- und Winterkohl bieten sich an, Bohnen, Broccoli, Erbsen, Fenchel, Kohlrabi, Kürbis, Lauch, Möhren, Paprika, rote Bete, Schwarzwurzel, Spargel, Spinat, Tomaten, Wirsing und Zucchini garantieren Abwechslung. Viele dieser Gemüse gehen auch als Salat – wenig Aufwand, kaum Kalorien. Die schleichen sich über die Sauce ein, daher Sonnenblumenkern-, Weizenkeim-, Distel-, Raps- oder Olivenöl sparsam, aber von bester Qualität („extra virgine"; erste, kalte Pressung; lichtgeschützt verpackt) kaufen.

*Das **Abendessen** ist eine milde Variante des Frühstücks. Als Getränk bietet sich Tee an oder Butter- bzw. Dickmilch. Gurken oder Tomaten seien auf dem Teller. Auch ein Paar Scheiben dünn geschnittene Wurst kann gereicht werden, aber Wurst ist wie Alkohol: Es gibt hundert Varianten – alle sind entbehrlich! Meist wählt der Kranke ein vollständiges Menü aus zwei, drei Angeboten aus. Die Karte sollte die „Kalorien" der Menu-Bestandteile ausweisen. Frühstück und Abendessen werden noch oft „en bloc", schöner aber zur Einzel-Auswahl angeboten. **Zwischenmahlzeiten** sollte man nur den Kranken anbieten, die Mühe haben, ihr Kalorien-Soll zu erreichen; wer seine drei Hauptmahlzeiten mit Appetit aufisst, braucht sie nicht. Für den ans Bett gebundenen Kranken muss Mineralwasser in Reichweite sein oder ein Früchtetee nach Wunsch. Hat er auch seine Klingel und das Telefon bei sich, kann man ihn getrost seiner Kost überlassen: Er ist wirklich gut versorgt.*

*Die Güte des Frühstücks und Abendessens steht und fällt mit der **Güte des Brotes!** Hier ist viel Boden gut zu machen: Ein liebloses Industriebrot aus der Plastiktüte hat noch niemanden froh gemacht. Frisches, krustiges Roggen- oder Weizenmischbrot, das nach Backstube duften muss, und natürlich Vollkornbrot aus fein geschrotenem Mehl mit hohem Wassergehalt (das kaut und schluckt sich leichter) muss auf den Tisch. Deutschland wird um seine vielen guten Brotsorten beneidet. Die sollte man denn auch überall auftischen, sogar im Krankenhaus. In www.lebensmittellexikon.de kann, wer nun frohgemut loskochen will, sehr viel über fast alle hierzulande üblichen Grundnahrungsmittel lesen!*

Wer gesund ist und sein Essen *daheim* verzehrt, der hält sich an die obigen Rezepte. Es lässt sich auch mit wenig Fleisch gut leben. Wir, die wir uns nicht jeden Tag um genug Essen sorgen müssen, haben es leicht, immer mehr wegzulassen. Sehen Sie Fleisch als einen Luxus, der aber sein *soll!* All das heißt man **gutbürgerliche Ernährung.** Es gibt keinen Grund, von ihr abzugehen. Seien Sie Ihren Kindern Essvorbild: Gemeinsame Mahlzeiten in Ruhe sind ein Teil unserer Kultur, langsam essen würdigt die Lebensmittel und den Koch. Ein Letztes: Niemand hat jemandem vorzuschreiben, was er essen *muss* oder (streng Medizinisches ausgenommen) *nicht essen darf!* Belassen Sie es beim evidenzbasierten Rat.

Ist nun der Mensch, was er isst? Im Sinn eines rohen Materialismus kann man das bejahen. Aber der Mensch ist doch etwas mehr als das kunstvolle Arrangement von Atomen und Molekülen, die schon lange vor diesem Menschen „in der Welt" waren. Was der Mensch ist, beantwortet seit Menschengedenken jedes Jahrhundert anders.

Weltweit werden Millionen Infektionen durch verseuchtes Wasser verursacht, häufig, vor allem für Kinder tödlich. Auch in Deutschland wütete früher die Cholera. 1831 starb in Berlin der Philosoph G.W.F. Hegel an ihr; die letzte Epidemie (1892) betraf Hamburg mit 8.000 Toten. Heute wird selbst Rheinwasser aufbereitet!

Die billigste, am strengsten überwachte, kühle und nebenwirkungsärmste Flüssigkeit ist **Leitungswasser**, am besten kalkhaltig: eine *natürliche* Kalziumquelle. Gründe gegen *das Trinken* von Leitungswasser sind nur massive Immunsuppression oder Neutropenie. Ab und zu wird vor **Colibakterien** gewarnt, dann kocht es jeder ab. Im Krankenhaus muss Wasser zur Gabe über Sonde *immer* gut zwei Minuten lang kochend erhitzt werden, damit es sicher keimfrei ist. Der häufigste Grund, Leitungswasser nicht zu mögen, ist die Chlorierung, gefolgt von hohem Kalkgehalt. **Nitrat** wurde in den letzten Jahren wieder häufiger nachgewiesen. Spuren von Blei, Kupfer und Nickel fanden sich nur in Gebäuden mit veralteten Rohrleitungen. Sporadisch finden sich winzige **Insektizidrückstände** im Wasser, 2016 auch der Unkrautvernichter Glyphosphat. Die höchste Güte für Wasser findet sich aber nur im *öffentlichen* Netz. Die erst 1976 als Erreger der „Veterans' disease" entdeckten, nun jedem Hauseigner und Installateur geläufigen Legionellen kommen im gut durchspülten öffentlichen Netz nicht vor, aber jenseits der Gebäudegrenze sind sie in vermutlich *allen* Krankenhäusern und großen Gebäuden (Hotels) nachzuweisen, weil in ihren kilometerlangen und verzweigten Rohren das Wasser an vielen Stellen stagniert, oder wenn über Wochen kein Wasser gezapft wird. Denn die Erreger gedeihen auch im Kaltwasser gut. Etwa 15.000 Pneumonien werden durch **Legionella pneumophilia** jährlich in Deutschland verursacht, indem der Erreger inhaliert wird, meist im Sprühnebel der Dusche. Die Erregermenge an einer Zapfstelle korreliert *nicht* mit dem Infektionsrisiko. Auf Normalstation sind 100 Legionellenkolonien in 100 ml Wasser noch erlaubt, auf Risikoabteilungen gilt „Nulltoleranz"! Daher sind dort Filter, häufig zu wechseln, an jedem Wasserhahn nötig. Die „Legionellensanierung" im Netz eines Großgebäudes gelingt nicht. Durch bloßes *Trinken* mit Legionellen kontaminierten Wassers ist aber eine Pneumonie nur dann zu erwerben, wenn es dabei aspiriert wird. Es ist daher nichts gegen Leitungswasser als Getränk im Krankenhaus einzuwenden, wenn es schmeckt und solange der Kranke keine Schluckstörung oder schweres Immundefizit hat. Wasser aus **Spenderanlagen** wird vielerorts angeboten. Es wird in ihnen gekühlt und ggf. mit Kohlensäure versehen. Exquisite Geräte versprechen, mit Filtern oder „Umkehrosmose" das Wasser von unterstellten Rückständen und Schwebstoffen zu befreien. Tafelwasser ist lediglich überteuertes Leitungswasser in Flaschen. **Mineralwasser** ist naturbelassen und keimfrei, aber das „Mineral" ist hauptsächlich Natrium. Mit einem Salzgehalt bis 3 g/l ist zu rechnen. Natriumarme Wässer schreiben das mit Recht groß auf das Etikett. Tee wird gelobt, obwohl er im Anbau reichlich mit Chemie begossen wird. „Bohnen"-Kaffee ist das Standardgetränk morgens und nachmittags. Sein Koffeingehalt ist auch Herzkranken verträglich. Die diätetisch reine Lehre würde am liebsten die kunstgesüßten Limonaden abschaffen, aber vielen „Süßfreunden" sind sie willkommen. Ehe ein *Kranker* zu wenig trinkt, genehmige man sie ihm, am besten „richtig gezuckert": **Saccharosehaltige Limonade** bis zwei Stunden präoperativ trinken, ist einer der unorthodoxen Bausteine der „Fast track"-Chirurgie des Schnelldurchlaufs. Alle synthetisch gesüßten Getränke erhöhen langfristig das Diabetesrisiko. Ob Phosphat oder Koffein das „Aufmerksamkeits-Defizit-Hyperaktivitäts-Syndrom" (ADHS) begünstigen, ist ungewiss. – Vier Mal die Woche 200 ml pasteurisierte **Frischmilch** sind sicher nicht zu viel. Rohmilch, also auch Rohmilchkäse, ist in Stätten mit Gemeinschaftsverpflegung verboten wegen des Risikos bedrohlicher Infektionen durch E. coli oder **Listerien**. Kranken reiche man Milch mit 3,5 % (oder mehr) Fettgehalt. Wer zunehmen soll, dem gewähre man auch Trinkschokoladepulver, auch wenn es zu 80 % aus Zucker besteht. Die gute alte Dickmilch, Buttermilch, Kefir, Vollmilch und die neumodischen **Trinkjoghurte** werden zu wenig bedacht, oft auch nicht gemocht. Kein Krankenhaus-Kiosk sollte Alkoholika verkaufen; „Vinum medicinale" wurde zuletzt noch in Wien, vor zwanzig Jahren, verabreicht.

Wer für den Notfall vorsorgen will, muss im Keller und auf dem Speicher (für Hochwasser) viel vollfette H-Milch bevorraten: Zwei Liter pro Tag lassen uns überleben! Dazu kommen viel Schokolade, Vollkornbrot und Nüsse, alles in Dosen, sowie ein paar Kisten Sprudel: So hält man lange durch.

Den Hungerjahren bis 1946 folgte eine jahrzehntelange „Fresswelle". Heute ist Abnehmen angesagt – mit viel Entbehrung, oft Enttäuschung. Starker Wille, richtiges und sparsames Essen und viel Bewegung sind nötig, damit man am Hungern oder an einer Diät so etwas wie seine bescheidene Freude hat.

Allein die kurze Verweildauer im Akutkrankenhaus ist Grund genug, dass Ab- oder Zunehmen-*Wollen* dort keine Rolle spielen. Wer abnehmen will, tue es daheim, Kinder kann man in eine Rehabilitationsklinik schicken. Wer mangelernährt ist, tut gut daran, vor großer Operation seine Ernährung mit Trinknahrung aufzubessern. **Kalorienreduktion** kann mit Übergewichtigen verabredet werden, mit Diabetikern sollte man „hart verhandeln". Unter 1.200 kcal/d wird man nicht gehen, bei Metformineinnahme auf keinen Fall! Besondere Diäten, Vitaminzulage ausgenommen, sind zum Abnehmen nicht nötig. Es genügt die alte Regel „FdH", sofern man sich an vollwertiges, auf jeden Fall das Eiweißminimum einhaltendes Essen hält und alles „Böse" lässt. Eine **hyperkalorische Ernährung** kommt für lange Zeit schwer Kranke in Frage, wenn sie ihren Gewichtsverlust gutmachen sollen. Sonden- und intravenöse Ernährung müssen langsam aufgebaut werden, um den Stoffwechsel nicht zu überfordern. Im Alltag bleibt es oberstes Ernährungsziel der Akutmedizin, eine ungewollte Gewichtsabnahme zu vermeiden, allein das ist schon schwer genug.

Kalorienreiche oder Reduktionskost sind keine „Diät", sie sind lediglich *mehr* oder *weniger* Normalkost. Diät heißt, die *Nahrungszusammensetzung* ändern. Diabetesdiät, purinarme, salzlose, fettreduzierte Kost, Magenschonkost, Gallendiät, eiweißarmes Essen, dreistufige Pankreasdiät, Haferschleim etc.-pp. – die Liste war früher lang. Heutzutage gilt: Fast alle vormals Diätbedürftigen essen jetzt **wissenschaftlich fundierte Vollkost** – auch und gerade die Diabetiker, denn sie sind ja deren Richtschnur! Die etwas idealisierte Summenformel lautet:

Kalorien: laut mittlerem Soll-BMI. Gemüse, Vollkornbrot, Kartoffeln, Obst, Nudeln und Reis: zum Sattwerden. Gute Pflanzenöle, Streichfette und Fleisch: sparsam. Wurst: nur abends, sehr sparsam. Fisch: ein- bis zwei Mal die Woche. Milch und nicht zu fette Milchprodukte: ja. Nüsse: ja, tgl. eine Kinderhand-voll. Fruchtsaft, Kuchen, Alkohol: als gezielte Sünde, nur sonntags. Ei: sonntags auch mal zwei.

Diäten im engen Sinn muss man nicht viele kennen. Eine eiweiß-modifizierte Kost hat ihr Recht bei **Dialysepatienten** („viel") oder in der konservativen Behandlung der chronischen Niereninsuffizienz oder entgleisten **Leberzirrhose** („wenig"). Eine schwere **Pankreatitis** wird niemand gleich mit Haxe und Kraut traktieren. Meist lässt sich mit der Frage: „Worauf hätten Sie denn gerade Lust?" klären, was der Kranke essen *kann*, medizinische Einwände ausgenommen. Die asymptomatische **Hyperurikämie** ist häufig, die manifeste Gicht oder gar ein Tophus sind selten dank Arzneitherapie. Harnsäurearme Ernährung gelingt mit wenig Fleisch, wenig Alkohol (vor allem Bier meiden), wenig Hülsenfrüchten und viel Wasser. Nur ab dem ersten Gichtanfall wird medikamentös behandelt, weil das Standardmittel Allopurinol selten, dann aber bedrohlich, eine toxische epidermale Nekrolyse (Lyell-Syndrom, „verbrühte Haut") auslösen oder eine stark funktionsgeminderte Niere weiter verschlechtertn kann. Daher ist Allopurinol bei einer Kreatininclearance < 20 ml/min verboten.

Eine streng **natriumarme Kost** hilft bei Verdünnungshyponatriämie. Eine zweite Indikation ist die Proteinurie wegen Glomerulonephritis: So kann der Eiweißverlust *halbiert* werden! Haben Sie einen wirklich guten Grund, rigide salzarme Kost zu empfehlen, dann müssen Sie Ihre ganze Überzeugungskunst für die Belehrung des Kranken aufbieten, sonst wird das leider nichts! Die Hyponatriämie ist häufig verursacht durch ein **SIADHS**, das Syndrom der inadäquaten ADH-Sekretion, dieses wiederum meist von Antiepileptika, Psychopharmaka u.v.a. oder schweren Krankheiten. Das Vorgehen ist nicht so leicht. Auslösende Medikation absetzten, Wasserrestriktion, Diuretika und ggf. Fludrokortison sind zu bedenken. Als letztes bleibt Tolvaptan (Samsca[R]), ein „reines Aquareticum": nur vorsichtig dosieren. Es ist ungeheuer teuer: eine Tablette = 100 €.

Cholesterinarme Diät bedeutet Verzicht auf nur Weniges, ihr Effekt (s.o.) wird überschätzt. Wer fettarm, nur wenig Fleisch und pro Woche nur zwei, drei Eier isst, vermindert die Cholesterinaufnahme schon genügend. Extreme Varianten wie Nulldiät und der Umgang mit Anorexia mentalis gehören nur an damit erfahrene Kliniken. Schon seit 1921 bekannt ist die **ketogene Diät**, die 80 % (!) Fett, etwa 10 % Protein und nur ein äußerstes Minimum Kohlenhydrate enthält. Sie kann bei refraktärer *kindlicher* Epilepsie die Anfälle mindern; andere Indikationen hat sie nicht, auch wenn manche Gesunde sich an ihr versuchen. Bei Multipler Sklerose mildern **n-3-Fettsäuren** „vielleicht" etwas die Krankheitsschwere: Nur *eine* von vielen kleinen Studien zeigte das. Dass ADHS, rheumatische Krankheiten oder Neurodermitis durch „Umstellung" der Ernährung zu bessern sind, ist nicht durch Studien bewiesen. Auch wenn Tumore unter **Nährstoffmangel** ggf. besser auf Chemo- oder Strahlentherapie ansprechen können, gilt: Wer Tumorkranken rät, durch *dauernd* weit unterkalorisches Essen den Krebs „auszuhungern", der ist nicht mehr bei Trost! Ein Sonderfall sind die Eliminationsdiäten bei Allergikern.

Die Diabetesdiät von einst ist heute die für Gesunde wie Kranke richtige Vollkost! Häufige *Varianten* sind: laktosefrei (10 %), vegetarisch (5 %), schweinefleischlos (3 %) und glutenfrei (2 %), zusammen 20 %. Selten ist an hypoallergene bzw. histaminarme Diät zu denken oder an Allergie gegen tierisches Eiweiß (Fisch, Eier, Milch), Früchte, Nüsse oder die Beifuß-Sellerie-Gruppe. Die Unverträglichkeit von Fruktose betrifft, verschieden stark, etwa 30 % der Bevölkerung. Fruktosearm essen spielt aber medizinisch keine besondere Rolle. Alle käuflichen Sondennahrungen und Infusionen erfüllen die medizinischen Anforderungen. Streng vegetarische, vegane und muslimische oder jüdisch-koschere Ernährung haben indes keinerlei *medizinische*, sondern nur eine rein *weltanschauliche* Indikation.

In Fülle gibt es gute, auch kurz gefasste Literatur zur Ernährung und Medikation des Diabetikers. Bitte wählen Sie (siehe vorne) eine Quelle aus und lesen Sie das gründlich. Hier sei nur so viel gesagt: Der Erfolg der Behandlung steht und fällt mit der Einsicht des Kranken, jeden Tag, bei jedem Brocken, den er isst, an seinen „Zucker" denken und danach handeln zu müssen. *Wie* man handelt, müssen Arzt und Patient vereinbaren: Je jünger der ist, desto eher wird man eine intensive, selbst kontrollierte Behandlung wählen, die aber Freiheit der Ernährung bietet. Der alte Mensch mit seinen regelmäßigen Tages- und Essgewohnheiten fährt besser mit einem starren Regime aus Mahlzeiten und Medikation; ihm genügen auch, wenn er stabil eingestellt ist, Kontrollen nur des *Urin*-Zuckers; ihn unter Behandlung mit einem Gliflozin zu messen ist natürlich unsinnig. Die *Broteinheit* ist ein Relikt und wird besser durch Angabe der Kalorien und der Nährstoffrelation ersetzt. Eine verwirrende Zahl neuer Medikamente zur Diabetesbehandlung erschwert nachgerade die Auswahl. Die meisten neuen Mittel haben indes keinen *Zusatz*-Nutzen. Ende 2015 wurde Empagliflozin eingeführt mit dem völlig unerwarteten Positivum „verlängerte Lebenserwartung". Konkret sind das (immerhin? nur?) sechs Monate.

Zurückhaltung bleibt geboten: Man soll nicht der Letzte, aber auch nicht bei den Ersten sein, wenn neue Mittel breit eingesetzt werden. Empagliflozin ist ein „-gliflozin" wie seine Vorgänger, und die wurden von vielen Pharmakologen reserviert beurteilt. Hierzu passt die Warnung vor gehäuften Ketoazidosen! Auffallend viele neue Substanzen überstehen die Markteinführung nur kurz oder sie werden mangels Zusatznutzen vom „Gemeinsamen Bundesausschuss" (GBA) der Ärzte und Krankenkassen von der Erstattung ausgenommen. Die Wortprotokolle der oft hitzigen Debatte zwischen den Vertretern des Herstellers, Ärzten, Pharmakologen, Juristen und Abgesandten der gesetzlichen Kassen, die ja alles bezahlen sollen, sind im Internet nachzulesen – ein Leckerbissen! Der Lohn für intensivierte Therapie und „Disease management" (ein Unwort) ist, auch ohne viel Licht betrachtet, leider ziemlich enttäuschend. Trotz all der Mühe um mehr Primärprävention werden künftig 10 % der Erwachsenen Diabetiker sein: ein wunderbarer Markt für neue, teure Mittel.

Niemand braucht eine spezielle Diabetesdiät, denn **Vollkost** lt. obiger Definition unter Verzicht auf Haushaltszucker, aber mit Gewichtskontrolle und viel Bewegung genügt. In der Arzneitherapie soll man sich auf wenige Mittel beschränken, damit man sie gut kennt. Diabetiker-

Sondenkost wird von wenigen Herstellern angeboten, aber die Fläche unter der Blutzuckerkurve während der Zufuhr ist mit ihnen praktisch nicht besser als mit Standardkost. Die Leitlinien verneinen eindeutig einen Zusatznutzen. – Zur **Infusionsernährung** von Diabetikern wird dennoch *nur Glukose* (selten im Mix mit Xylit) gegeben. Die erreichbare Zufuhr hängt vom Blutzuckerverlauf, vor allem der nötigen Insulindosis ab, um nahe am „Ziel 160 mg/dl" zu bleiben. Wer bislang gesund war, sollte auch unter hoch dosierter Glukoseinfusion maximal 4 Einheiten Normalinsulin pro Stunde brauchen, sonst muss die Glukosezufuhr gedrosselt werden. Mehr als 6 I.E./h (tgl. ca. 2 I.E./kg) dürfen auch Diabetiker nicht erhalten, denn sonst wird der Blutzucker nur noch „kosmetisch" gesenkt, indes in der Leber Glukose zu Fett umgewandelt wird, was eine cholestatische Hepatitis auslösen kann. Aminosäuren und i.v.-Fett erhalten Diabetiker wie alle anderen auch. Die Therapie des entgleisten Diabetes mellitus, ob hyperglykämisch, hyperosmolar oder ketoazidotisch, ist standardisiert.

Die *perioperative* **Betreuung** der Diabetiker aber ist schwieriger, weil es hierzu nur wenig Evidenz gibt. Das liegt an der Vielfalt der Besonderheiten jedes Kranken. Um vor allem jungen Krankenhausärzten die Entscheidungen zu erleichtern und um dem hausinternen Diabetesexperten eine Flut Konsile zu ersparen, sollte jede Klinik ihr Vorgehen formulieren, nämlich in einer „SOP" – **Standard Operation Procedure** muss man das ja heute taufen. In der Versorgungsleitlinie Diabetes von 2014 finden sich zu diesem Thema wohl einige Seiten, aber sie bleiben sehr im Ungefähren. Besser sind ein Review article (Thomas, 2012) und die Leitlinie der Australischen Diabetesgesellschaft von 2012. Am besten taugen als Vorbild für das hauseigene Vorgehen die Empfehlungen des „Diabetes Center Joslin Clinic Boston" (2015; s.o.), die für alle erdenklichen Situationen eine konkrete Therapie vorschlagen.

Alle Quellen behandeln ausführlich die Pharmakotherapie, aber nur wenige die **perioperative Ernährung**. Also: (1) Diabetiker nur kurz nüchtern lassen! (2) Sofern keine Gastroparese etc. vorliegt, darf **präoperativ**, je nach Eingriff bis 6 Stunden zuvor, noch eine leichte Mahlzeit genommen werden, *klare* Flüssigkeit bis 2 Stunden vorher. (3) Ist das nicht möglich, wird ab dem Morgen zur Infusion von Glukose plus Normalinsulin geraten, *eine* I.E. pro *fünf* (drei bis sieben) Gramm Glukose; das beugt der Hypoglykämie und Ketose vor. (4) Denn schon nach wenigen Stunden *ohne* Insulin kann sich eine Ketose entwickeln, gefährdet sind vor allem juvenile Diabetiker. (5) Egal, ob jung ob alt: Diabetiker sollten möglichst auf „Platz 1" des Operationsplans stehen. Auch **intraoperativ** muss bei langen Eingriffen diese Glukose-Insulin-Lösung infundiert werden. Der Blutzucker ist mindestens stündlich zu messen, am besten im Labor, trotz aller Güte der POC-Geräte.

Diabetiker sollen **postoperativ** so früh wie möglich wieder essen. Nach kleinen und mittleren nicht-abdominellen Eingriffen ist das unproblematisch. Nach Bauchchirurgie muss man sich mit dem Operateur besprechen. Auch nach einem Oberbaucheingriff kann man bereits etwa 6 bis 8 Stunden nach dem Aufwachen klare Flüssigkeit trinken, mit Trinknahrung wird später angefangen. Verzögert sich der orale Ernährungsbeginn, wird nach den klassischen Kriterien künstlich ernährt; erhöhte Blutzuckerwerte werden ausschließlich mit Insulin korrigiert.

Viele *langwirksame* Antidiabetika (wie Verzögerungsinsuline) müssen präoperativ abgesetzt werden. Für **Metformin** müssen nicht 48 Stunden sein, 24 Stunden Karenz genügen. Eine Notfalloperation wird nicht wegen Metformin verschoben. Wichtiger ist, für 24 bis 48 Stunden *postoperativ* kein Metformin zu geben! Der Eingriff muss ohne Minderung der Nierenleistung überstanden worden sein, und der Kranke muss wieder mindestens 1.200 kcal Essen bei sich behalten.

Diabetes Typ 2 und nicht-alkoholische Fettleber hängen so eng zusammen wie Henne und Ei. Während die bloße Steatosis hepatis als „nicht systemrelevant" angesehen wird, ändert sich das, sobald die Leberwerte erhöht sind. Das spricht nämlich für eine entzündliche Reaktion der Parenchymzellen, also eine Steatohepatitis, die sich zur Zirrhose und zum Karzinom ausweiten kann. **Insulinresistenz** und Fettleber sind eine unheilige Allianz, die nicht mit noch mehr Insulin, sondern dringlich mit Gewichtsreduktion bekämpft werden muss. Dazu genügt es häufig schon, nur 5 % des Gewichts abzubauen, indem z.B. der Kohlenhydratanteil der Nahrung zugunsten von mehr Eiweiß gemindert wird. Industrielle Substrate („Formuladiät"), die so zusammengesetzt sind, braucht man dazu nicht unbedingt, auch wenn es im günstigen Fall mit ihnen schneller geht.

Essen trinken?

Auf der Suche nach irgendwas, das man appetitlosen Kranken noch anbieten kann, stößt spätestens die Diätassistentin auf „Astronautennahrung", wenn sie zuvor vergeblich Milchshakes, Kakao, Pudding, Joghurt, Fleischbrühe usw. offeriert hat. Also wird nun vom Arzt mit strengem Blick eine „Aufbaunahrung" verordnet und dann vom Kranken hoffentlich auch gehorsamst eingenommen. Abgesehen von dieser suggestiven Verwendung sollte man den neutralen Ausdruck Trinknahrung vorziehen.

Industrielle **Trinknahrungen** sind „diätetische Lebensmittel für medizinische Zwecke" gemäß einer schon recht alten Richtlinie der Europäischen Kommission (1999). Sie sind geeignet zur ergänzenden (z.b. Eiweißmangel) wie auch zur völligen enteralen Ernährung: Sie sind eine „nährstoffbilanzierte Diät". Trinknahrung wird trinkfertig in kleinen Portionen angeboten zwischen 125 und 250 ml pro Fläschchen oder Trinkpäckchen. 0,5 bis 2,3 kcal/ml sind enthalten, so dass mit 250 ml einer hochkalorischen Trinkmahlzeit fast ein Drittel des Grundbedarfs incl. Vitaminen zugeführt wird! Trinknahrungen schmecken schlecht, sie werden daher mit Retortenaroma auf Aprikose, Banane, Champignon, Erdbeere, Kaffee, Kakao, Nuss, Tomate, Spargel, Vanille oder Waldfrucht getrimmt, und Farbstoffe wie Karmin, Ammonsulfit-Zuckercouleur und Kurkumin verschönern alles passend zur Geschmacksrichtung. Dennoch mögen viele Kranke nach nur wenigen Tagen dieses „süße Zeug" nicht mehr. Allerdings gibt es auch einen (in puncto Babynahrung renommierten) Hersteller, der kein künstliches Aroma und keine Geschmacksverstärker in seiner Trink- und Sondenkost verwendet, und der obendrein nur Haushaltsübliches nimmt wie Apfel, Birne, Huhn, Karotte, Kürbis, Mais, Milch, Pute, Rindfleisch und Zucchini. Ob diese Trinknahrung auf die Dauer besser schmeckt als konventionelle oder ob mit ihr günstige Effekte einhergehen wie weniger Übelkeit oder Durchfall, ist nicht untersucht worden. Ein **Standardpäckchen**, gleich von welchem Hersteller, enthält 75 % Wasser, wenig Glukosesirup und viel Maltodextrin, Milcheiweiß, Rapsöl, *Soja*-Lecithin, Kaliumchlorid, Magnesiumphosphat, Natriumzitrat, Eisenlaktat und weitere Mineralstoffe, Spurenelemente und Vitamine. Die Osmolarität ist zwar hoch, um 700 mosmol/l, und bei „Elementarkost" noch höher, aber bei über den Tag verteiltem, langsamem Trinken gibt es kaum Durchfall. Trinknahrung ist glutenfrei und streng laktosearm, sie ist mit oder ohne Ballaststoffe erhältlich und enthält nur ausnahmsweise („Schokolade") **Carrageen**. Das ist ein aus Rotalgen gewonnenes Polysaccharid, hier als Dickungsmittel verwendet. Da es zur Ernährung völlig entbehrlich ist, verzichte man auf Carrageen.

Die Nährstoffrelation in einer Trinknahrung folgt der Indikation: eiweißreich, hochkalorisch, auf Niereninsuffizienz oder Diabetes abgestimmt. Für Malassimilation gibt es elementare Nahrung ohne Milcheiweiß, für Kranke mit Schluckstörung zähfließende. Es genügen fünf **Varianten** Trinknahrung: für (1) konsumierende Krankheiten, Dekubitus und Untergewicht, für (2) Niereninsuffizienz, für (3) Schluckstörungen, für (4) Malassimilation und eine (5) für Kinder. Man muss die zusagenden *Geschmacks*-Varianten finden und sie dann oft wechseln. Die (möglichst zwei) Portionen sind über den Tag zu verteilen: „Alle Viertelstunde drei Schlückchen!" Je süßer die Trinknahrung ist, desto kühler reiche man sie. „Suppe" wird in der Mikrowelle erhitzt. Mangelernährte erhalten **vor großer Operation** zur Ergänzung der normalen Kost n-3-Fettsäuren-reiche **Immunonutrition-Trinknahrung** (Oral IMPACT Drink[R]) für 10 Tage. Auch jede andere hochkalorische Trinknahrung dürfte geeignet sein; für sie gibt es aber bislang keine Studien.

Nicht essen *wollen* ist im Alltag selten, am schwierigsten ist das natürlich bei der Anorexia mentalis. Im Krankenhaus oder Pflegeheim wird um so weniger gegessen, je schlechter es dem Kranken oder bedrückten alten Menschen geht. Nicht essen *dürfen* bleibt meist auf eine nur kurze, am häufigsten postoperative Zeit begrenzt. Nicht essen *können*, wie wegen schwerer Schluckstörung, kann dagegen eine qualvoll lange Zeit des Ausweichens auf „npo" (nihil per os: nichts durch den Mund) bedeuten. Die häufigsten **Ursachen** (mit oft schwerem, hartnäckigem und nicht selten irreversiblem Verlauf) sind *neurogen*, d.h. durch eine Krankheit des Nervensystems ausgelöst wegen M. Parkinson, amyotropher Lateralsklerose, progressiver Muskeldystrophie und Myasthenie. Schlaganfälle im Hirnstamm und Kleinhirn sowie ausgedehnte Infarkte im Großhirn stellen hohe Anforderungen an die Diagnostik, die Schlucktherapie und die Entscheidung, wann (oder ob überhaupt) eine nasale Sonde oder PEG angeraten ist. Die **Diagnose** einer Schluckstörung ist leicht, wenn dem Kranken Speichel aus dem Mund rinnt, seine Stimme brodelig klingt, die Schluckfrequenz vermindert ist oder wenn Schluckbewegungen ganz fehlen, wenn der Schluckreflex erst verspätet einsetzt, die Zungenmotilität eingeschränkt ist und wenn ein verabreichter Teelöffel oder ein Schlückchen Wasser zu Husten oder Trachealrasseln führt. Vor dem ersten Essen muss bei jedem neurologisch Kranken ein klinisches **Schluck-Screening** erfolgen! Eine nur leichte Schluckstörung ist viel schwieriger festzustellen. Leider ist es nicht möglich, am Krankenbett eine sog. „stille" Aspiration auszuschließen: Denn der Kranke bemerkt nichts, und der bei ihm Sitzende auch nicht. Die Hälfte der Aspirationen, das ist das Gemeine, verläuft indes still. Der Verdacht liegt nahe, wenn Temperatur und CRP steigen oder eine Bronchitis, schlimmstenfalls eine Pneumonie nach Klärung der Ursache verlangt. Der klinische Eindruck der erfahrenen Logopädin wird dann um eine **fiber-endoskopische Evaluation** des Schluckablaufs (engl. Fiber endoscopic evaluation of swallowing: „FEES") ergänzt. Ein dünnes Endoskop wird durch die Nase in den Rachen bis oberhalb des Kehlkopfs eingeführt, und dann sieht man, was los ist: „Spillage" heißt der *Verhalt* von Flüssigkeit oder Speise noch oberhalb der Glottis. Das ist nicht gerade gut, aber zunächst nicht gefährlich. „Penetration" bedeutet *Vordringen* von Speichel bzw. Essen bis auf

Stimmbandhöhe. Das ist schon „Alarmstufe 2", denn beim nächsten Mal könnte es ja zur „Aspiration" kommen: Das ist (engl. wie dtsch.) das *Eindringen* in die Luftröhre und tiefer von „irgendwas" außer Luft! Führt auch die FEES zu keiner klaren Risikoschätzung, dann kann die **Videofluoroskopie**, ein Hochgeschwindigkeitsfilm des Schluckaktes mit verschiedenen Prüfsubstanzen, die Schwere der Störung und damit das Aspirationsrisiko erfassen. Die Videofluoroskopie ist nur in großen Kliniken möglich. Der Kranke muss transportfähig sein und während der Prozedur einige Zeit sitzen können; ein erfahrener Untersucher ist nötig. Nicht jede Aspiration ist bedrohlich – solange der Hustenreflex funktioniert und der Hustenstoß stark ist. Beides ist aber oft gemindert. Bei der Hälfte der Schwerkranken ist der Rachen und somit auch der Speichel bakteriell fehlbesiedelt, vor allem mit Methicillin-resistentem Staphylokokkus aureus (MRSA) und Escherichia coli, so dass selbst eine sonst harmlose **Speichelaspiration** gefährlich wird.

Die **Prognose** der Schluckstörung gibt den Ausschlag, ob und wann welche Art Sonde zur Ernährung nötig ist. Zunächst ist die naso-gastrale anwendbar und auch ausreichend, nur selten darf sie nicht eingesetzt werden. Zum Glück hat sich nach zwei Wochen bei der Hälfte der Schlaganfallpatienten die Schluckstörung so gut gebessert, dass keine Sonde mehr nötig ist. Wenn die Schluckstörung mindestens noch vier weitere Wochen oder länger anhalten wird, dann steht die **PEG** an. Schluckversuche gelingen leichter, wenn der Kranke nicht von einer Nasensonde gestört wird. Auch eine geblockte Trachealkanüle ist sehr ungünstig, weil sie die Hebung des Kehlkopfs und so das Absenken des Kehldeckels einschränkt. Bei fortschreitender Krankheit wie ALS, Bulbärparalyse oder schwerer Multipler Sklerose ist der **Wille des Kranken** rechtzeitig festzuhalten. Entscheidet er sich für die Sonden-ernährung, dann sollte die PEG spätestens eingesetzt werden, wenn er ungewollt mehr als 5 % in drei Monaten abnimmt oder wenn die Vital-kapazität unter 50 % des Sollwerts sinkt. Sie ist ein sehr gutes Maß der muskulären Atemerschöpfung und somit des Risikos einer Aspiration. Man sollte zeitig beginnen, die Vitalkapazität zu messen. **Operationen**, wie Erweiterung des oberen Ösophagussphinkters oder die Laryngek-tomie, bessern das Schlucken selten, denn die wahren Ursachen liegen anderswo. Die Laryngektomie schaltet das Aspirationsrisiko definitv aus, aber der Eingriff ist groß. Es bleibt nur das **funktionelle Üben**, langwierig, oft enttäuschend. Mit Arzneien lassen sich Schluckstörungen nicht beeinflussen, außer bei Myasthenie. Gegen viel Speichelfluss können anticholinerge **Medikamente** helfen wie Clonidin, Scopolamin und Amitryptilin. Ein sehr trockener Mund erschwert andererseits das Schlucken und führt häufig zur Parotitis. Neuroleptika und Benzodiazepine gelten als nachteilig. Amantadin, ACE-Hemmer und L-Dopa können versucht werden; *warum* sie wirksam sind, ist unbekannt. Der Weg in ein Zentrum kann sich lohnen: Auch wenn eine neurogene Schluckstörung schon Monate bestand, kann gerade nach ischämischer Ursache bei der Hälfte der Kranken wieder die volle orale Ernährung erreicht werden. Das Hoffnungsfenster beträgt immerhin bis 12 Monate nach Eintritt der Schädigung! Leider bleibt die Prognose auf die Dauer schlecht bei fehlender Speichelkontrolle, nicht entbehrlicher Trachealkanüle, insbesondere wenn sie geblockt bleiben muss, bei *beidseitigen* Hirnläsionen, Hochbetagten, fehlendem Störungsbewusstsein und bei den vielen leider unbeeinflussbaren Leiden.

Essen trotz Schluckstörung? Wenn die Schluckstörung schwer, das Aspirationsrisiko somit hoch ist, dann darf der Kranke *nichts* essen oder trinken: „Nihil per os – nichts durch den Mund!" Damit wirklich *alle* das wissen, Pflegepersonal, Therapeuten, Ärzte und Besucher, ist ein Hinweis am Krankenbett angebracht, auch als Piktogramm: Wohlmeinende Angehörige haben schon einiges verdorben. Nur der versierte Schlucktherapeut beübt den Kranken, um die Willkürmotorik der orofazialen und Zungenmuskulatur sowie das Speichel-„Management" zu verbessern. Eiswasser, tropfenweise saure Flüssigkeit oder mit **Quellmittel** (Quick and thick[R]; Nutilis[R]) angedickte Wasserportionen werden vorsichtig per Teelöffel angeboten. Den Dickungsmitteln muss man Zeit geben, um vollständig aufzuquellen, damit wirklich geliertes Wasser verabreicht wird. Zum Schutz vor Aspiration bringt man verständigen Kranken das „**Chin tuck**" (Kinn runter) bei: Durch Absenken des Kinns bis auf die Brust und Hochziehen des Nackens gelangt das Aufgenommene nicht vorschnell in den Rachen. Gleichzeitig wird der Kehl-*Kopf* angehoben, der Kehl-*Deckel* senkt sich in Richtung Luftröhreneingang und dichtet ihn dadurch ab. Beim **Mendelsohn-Manöver** drückt der Kranke während der Passage der Nahrung die Zunge möglichst lange zum Gaumen, dann öffnet sich der ansonsten verschlossene Speiseröhreneingang leichter. Täglich nachmittags

Temperatur und wöchentlich CRP messen ist ratsam. Beides kann auf eine sonst nicht bemerkte Aspiration hinweisen. Wenn der Kranke wach und kooperativ ist, stabil sitzen oder im Bett hochgelagert werden kann und ein Essversuch möglich erscheint, geht es endlich los. Zuerst wird **fein und feucht Püriertes** (Kostform 1) unter Aufsicht durch Fachpersonal angeboten. Entscheidend ist die saftig-cremige und vor allem homogene Konsistenz, es dürfen keine „Brocken" untergemengt sein. Geeignet sind dicke Suppen, Joghurte, Breie, Süßspeisen, Apfel- oder anderes Obstmus und pürierte Gemüse mit hohem Wassergehalt, also kein trockener, klebriger Kartoffelbrei oder fest gekochter Pudding. Alles muss so geschmeidig sein, dass es gut, aber nicht zu schnell „rutscht". Angedickte Trinknahrung, Dickmilch und Kefir kommen als Getränk in Frage, zuerst teelöffelweise. Tabletten werden fein gemörsert in Joghurt, Mus oder dünnen Brei eingerührt. Als nächstes erhält der Kranke **weich-homogenes Essen** (Kostform 2). Dabei ist vor allem auf die Trennung der Konsistenzen zu achten. Weiches Brot wird ohne Kruste gereicht und ggf. in Kaffee oder Milch getunkt. Gemüse, Kartoffeln, Nudeln und Fleisch werden sehr weich gekocht, Obst muss von Schale und Kernen befreit sein, auf Kleinformate wie Reis, Erbsen oder Nüsse ist noch zu verzichten. Die letzte Variante (Kostform 3) ist eine nur **leicht veränderte Vollkost**. Sie schließt nur noch Mischsalate aus sowie faseriges Obst und Gemüse (Lauch), Reis und Rosinen (zu kleine Partikel), Kartoffel- und Wurstsalat, Eintopf, Fisch mit Gräte oder Joghurt mit Frucht. Der Übergang zur normalen Kost ist fließend. Viele Kranke begehen ihn auf eigene Faust. Hilfreich sind Tabellen, die zeigen, was erlaubt oder verboten ist. Alle **Ess-Regeln** sind akkurat zu befolgen: Nur kleine Bissen dürfen in den Mund. Keinesfalls vollstopfen, was oft geschieht, wenn die Sensibilität der Wange gemindert ist. Gründlich kauen und mit Bedacht (Mendelsohn? Chin tuck?) schlucken. Nach jedem Schlucken räuspern, um unbemerkte Spillage, Penetration oder Aspiration nach oben zu befördern. Sind die Wangentaschen leer? Sonst: mit dem Finger ausräumen! Nach jedem hoffentlich abgeschluckten Bissen mit wenig Flüssigkeit den Rachen „fegen". Kann ein Kranker diese Regeln nicht einhalten, muss er beaufsichtigt werden, bis er seine Lektion gelernt hat oder die Schluckstörung vorbei ist. Leider lernt man schlucken nur, indem man es versucht. Jeder Wechsel der Trachealkanüle sollte hierfür genutzt werden.

*Das Bett nicht mehr aus eigener Kraft verlassen können, gefüttert werden, auf Breikost oder Trinknahrung zurückgeworfen sein, die Trinkmenge nur mit großem Aufwand erreichen – diese **Menetekel** müssen nachdenklich stimmen. Kann, will oder darf der Kranke nicht mehr essen und trinken, muss entschieden werden, ob einige Zeit auch ohne normale Ernährung zumutbar ist. Kurzum, Flüssigkeit, Nahrung und orale Medikation müssen teilweise oder völlig auf anderem Weg zugeführt werden.*

Warum trinkt der Kranke so wenig? Oft liegt eine Schluckstörung vor oder frische Operation oder es fehlt dem Kranken Antrieb: In der Rehabilitation ist der depressionsbedingte Antriebsmangel die häufigste Ursache mangelnden Trinkens und Essens! Antriebssteigernde Arzneien können die Trinkmenge bessern, aber sie brauchen Anlaufzeit. Auf vielen Stationen müsste ein „HiWi" in permanenter Umlaufbahn durch die Zimmer rotieren und sich nur mit Hilfe beim Trinken und Essen befassen. Dann bliebe vielen Kranken der Tropf erspart.

Warum isst der Kranke so wenig? Wer wenig trinkt, isst auch wenig, weil die Ursachen gleich sind. Sprechen Sie mit dem Patienten im Beisein der Angehörigen darüber, motivieren Sie den Kranken zu essen als *seinem* Beitrag, damit er wieder gesund wird. Setzen Sie so viele **Medikamente** ab wie möglich; viele werden einfach fortgeschleppt ohne triftigen Grund. Metformin dämpft den Hunger und muss ohnehin abgesetzt werden, wenn der Kranke nur weniger als 1.200 kcal/d isst. ACE-Hemmer können Geschmacksstörungen auslösen, fragen Sie danach. Als appetitsteigernd beworbene Mittel können Sie vergessen, ausgenommen einige Psychopharmaka (z.B. Mirtazapin), deren sonst unerwünschter Nebeneffekt hier nützt. Bitten Sie die Diätassistentin zum Kranken. Bedenken Sie Ihr Arsenal an Kostvarianten und Trinknahrungen. Suchen Sie nach **Gebiss-, Kau-, Schluck- und Antriebsstörungen**, letztere sind häufig bei Parkinson, rechtshirnigen Krankheiten und bei Depression. Suchen Sie nach „konsumierenden" Krankheiten, einem Magentumor z.B. oder HIV, und denken Sie bei jungen Menschen auch an eine psychogene Essstörung.

Wie wenig Ausscheidung ist hinnehmbar? Weniger als 900 ml/d Spontanurin dürfen nicht sein. Diese Menge darf nicht *erzwungen* sein durch Diuretika oder Glukosurie, selten wird eine unerwartet hohe Ausscheidung durch ADH-Mangel, Hyperkalzämie oder hypokaliämische Nephropathie ausgelöst. Wenn der Kranke schwer krank ist und der Harnstoff steigt, dann ist (mit mehr Wasserzufuhr) mehr Ausscheidung nötig: **1 ml Urin/kg x Std.** sind dann das Ziel. Noch mehr ist nicht nützlich, auch nicht zur Besserung einer Niereninsuffizienz.

Wie wenig Essen genügt noch? Das hängt davon ab, wie lange die Ernährung nicht genügen wird, wie krank der Kranke und wie schlecht sein Ernährungszustand ist und welche Gefahr droht, wenn man nichts unternimmt. Die Ernährung soll ergänzt werden, wenn der Kranke täglich ca. 500 kcal zu wenig verzehrt. Wer keinen Appetit hat, wird leider oft auch die Trinknahrung ablehnen. Eine nasale Sonde schieben Arzt und Patient auch gerne auf, obwohl die via Sonde fortgesetzte enterale Ernährung objektiv besser wäre. Darf der Kranke nicht *enteral* ernährt werden, was selten ist, dann kommt der Tropf. Die Regel lautet: **Drei Tage „relative Nulldiät"** sind für normalgewichtige und nur leicht Kranke hinnehmbar, sie werden, falls der Patient nicht einmal süßen Tee oder gezuckerte Limonade trinken mag, durch Vollelektrolytlösung mit 5 % Glukosezusatz überbrückt. Eine **hypokalorische Ernährung für eine Woche** genügt, wenn der allenfalls mittelschwer und nicht ausgezehrte Kranke danach wieder voll isst. Bringt der Kranke aber nichts oder fast nichts „runter", kann man als **basale Infusionsernährung** 2.500 ml Mischlösung aus 3,5 % Aminosäuren mit 5 % Glukose in 24 Stunden geben (600 kcal). Werden noch Lipide (1 g/kg) infundiert, kommen 650 kcal dazu. Der Grundumsatz ist zwar nicht erreicht, hingegen das Glukoseminimum, die Standardeiweißmenge sowie die normale Fettzufuhr. Leichter geht das mit einer peripheren Komplettlösung. Je länger Trinken und Essen absehbar ungenügend bleiben, desto eher muss die **Ernährung über Sonde** ins Kalkül kommen, denn sie besser ist als jede Infusionsernährung, der letzte Weg.

Wann isst der Kranke wieder? Die Spanne reicht von „in ein paar Stunden" (epileptischer Anfall), „in wenigen Tagen" (Entzugsdelir), „einigen Wochen" (schwere Hirnblutung) bis „leider nie wieder" (irreversibles Koma). Das genügt aber für die anstehenden Entscheidungen.

Palliativstationen, Altenpflegeheime und Hospize nutzen oft als den am wenigsten invasiven Weg die subkutane Infusion (jungen Ärzten kaum bekannt), möglichst in das Bauchfett per **Butterfly-Kanüle**, die kennt jeder. Die klassischen **Verweilkanülen** (Braunüle[R], Viggo[R]) sind Standard für den über periphere Venen eingebrachten Infusionsbedarf. Viele Kaliber stehen zur Wahl, und das Legen, möglichst *dünne* Kanüle in möglichst *dicke* Vene, ist fast immer eine Sache von Minuten. Kinder erhalten eine Hautanästhesie mit einem Pflaster (Emla[R]), das 20 Minuten einwirken muss. Es können Lösungen bis 800 mosmol/l, also auch Fettemulsionen über eine periphere Vene gegeben werden. Die Verweilnadel soll nicht an einem gelähmten oder durch ein Lymphödem geschwollenen Arm gelegt werden. Man soll distal beginnen und sich nach proximal „vorarbeiten", damit nichts durch eine ggf. schon phlebitische Vene fließen muss, denn länger als 48 bis 72 Stunden hält eine Verweilkanüle auch bei guter Pflege meist nicht durch. Ist absehbar, dass ein **Cimino-Brescia-Shunt** nötig wird, muss man die Radialseite der Unterarme auf jeden Fall vor Punktionen verschonen. Eine kräftige Vena basilica (oder auch cephalica) kann man mit einem **Midline-Katheter** versorgen; er ist nur 10 bis 15 cm lang und wird befahren wie eine Viggo. Damit vermeidet man die ansonsten häufige, ausgedehnte Thrombose der Vena basilica, und der Kranke kann weiter seinen Ellenbogen beugen. Je schwerer krank er aber ist, je länger schlecht venenverträgliche Substanzen zu verabreichen sind, desto eher kommt ein **zentralvenöser Katheter** in Frage, der unter günstigen Umständen vier Wochen „durchhält". Für den perkutanen Zugang bevorzugt man die rechte Vena jugularis interna, es folgt die rechte V. subclavia, dann die linke V. jug. interna und die linke V. subclavia zuletzt, weil in sie (Risiko Chylothorax!) der Ductus thoracicus mündet. Mit etwas Glück ist auch über die V. jugularis *externa* (per Mandrin unter Bildwandlersicht) das zentrale Venensystem zu erreichen. **Mehrlumenkatheter** bis fünf Kanäle sind möglich. Sterile Anlage und sorgfältige Pflege sind unabdingbar. Nicht benötigte Lumina werden mit NaCl 0,9 % gefüllt und abgeklemmt. Die „Blockung" des Katheters mit hochmolekularem Heparin zum Schutz vor Thrombosierung während Infusionspausen ist aufgegeben worden, weil der Nachweis einer Wirkung fehlt und mit einem Risiko von 0,6 % die **Heparin-induzierte Thrombozytopenie**

Typ 2 (HIT) droht. Will man dennoch blocken, dann gelten 2,5 mg Fondaparinux (Arixtra^R) in 10 ml NaCl 0,9 % als beste Wahl auch für Ports oder Dialysekatheter. Das erfolgt etwa alle vier Wochen, wenn sie nicht befahren werden. Aus hygienischer Sicht verspricht Blocken mit Antibiotika (Gentamycin, Vancomycin) oder dem antiseptischen Taurolidin wirklich viel: nämlich die katheterbedingten Blutstrominfektionen zu halbieren! Das Mittel (TauroLock^R) muss zwei Stunden im Lumen bleiben; als Antikoagulans dient Zitrat 4 %. Die **Vena femoralis communis** wird nur selten genutzt, obwohl die Punktion (unter Sonografie) einfach und die Infektgefahr *nicht* höher ist als bei obigen Venen. Die Leistenvenen sind ein Behelf, wenn eine arterielle Fehlpunktion unbedingt vermieden werden muss. Thrombosen der Femoral- und Beckenvenen sind aber bei längerer Liegedauer (nur wenige Tage) häufig; ihnen lässt sich mit einem über den Leistenkatheter laufenden Heparinperfusor nur bedingt vorbeugen. Schon die Anlage eines ZVK ist riskant: Arterielle Fehlpunktion, Pneumothorax, Fehllage des Subklaviakatheters in der Jugularvene u.a. kommen vor. Gelegentlich tritt eine Thrombose auch dieser Zugänge ein. Schlimmste Komplikation ist die **Infektion**, bis zur Sepsis. Fieber ist zwar verdächtig, aber nicht beweisend. Einen kürzlich gelegten ZVK soll man nicht voreilig herausziehen. Blutkulturen werden gleichzeitig von peripher und aus *jedem* Lumen des ZVK genommen. Für die Katheterinfektion spricht, wenn in dieser Kultur rascher und mehr Keime wachsen als in der peripheren. Jedes Lumen eines ZVK erhöht das Infektionsrisiko!

Ist über Monate Infusionsbedarf nötig, dann wird ein **untertunnelter Venenkatheter** (nach Hickmann, Broviac u.a.) implantiert, der wesentlich weniger Infektionen auslöst und daher sehr lange nutzbar ist. Diese Katheter sind kurz vor der Ausleitung aus der Haut von einer Dacronmuffe ummantelt, die mit dem subkutanen Gewebe verwächst. Ein getunnelter Katheter muss deshalb wieder chirurgisch explantiert werden und kann nicht *gezogen* werden. **Dialysekatheter** nach Shaldon oder Demers werden ebenfalls chirurgisch angelegt. Sie dürfen *nur während der Dialyse* auch für i.v.-Arzneigabe oder hochkalorische Lösungen genutzt werdebn. Nach der Dialyse bleiben sie steril verbunden und werden nicht angetastet: Ein Shaldonkatheter ist alles andere als nur ein besonders dicker ZVK! Der venöse Druck gegen einen lahmenden Schwerkraft-Tropf ließe den Dialysekatheter thrombosieren.

Implantierte **Portsysteme** sind angebracht bei monatelanger Chemo-therapie, parenteraler Langzeiternährung oder äußerst langer Antibio-se wegen z.B. Hirnabszess. Das Kernstück ist die Port-*Kammer*, oft zu sehen und gut zu fühlen unter der Haut, gegen die sie mit einer *Membran* (wie eine Trommel durch das Fell) abgedichtet ist. Zur sterilen (!) Punktion, nach ggf. Anästhesie mit dem Emla^R-Pflaster, muss eine *nicht stanzende* Nadel (z.B. nach Huber) verwendet werden, dann hält die Membran über tausend Punktionen aus. Die Nadel bleibt meist etwa sieben Tage liegen, Studien zur maximalen Verweilzeit gibt es nicht. Wegen unvermeidlich verbleibender wandständiger Blutreste, bestens als Nährmedium für Bakterien geeignet (Biofilm), sind **Blutabnahmen via Port** oder Transfusionen zwar theoretisch streng verboten, prak-tisch aber oft nicht umgehbar, weil keine periphere Vene mehr da ist. Danach ist ausgiebig mit Kochsalzlösung, zuletzt plus 2,5 mg Fonda-parinux-Zusatz zu spülen. Die **Portokklusion** ist gefürchtet, zu Recht. Dann darf nicht druckvoll mit einer kleinvolumigen Spritze angespült werden: Der feine Schlauch, der Kammer und Vene verbindet, könnte reißen – der komplette Port müsste entfernt werden! Vermutet man die Ausfällung inkompatibler Lösungen (Kalzium-Phosphat) als Ursache der Okklusion, kann eine Lyse mittels 0,1 mmol/ml NaOH (die Apo-theke liefert das) versucht werden. Hilft bei vermuteter Inkrustierung durch Blut oder Fett auch eine lokale Fibrinolyse nicht, dann ist der Port verloren. Binnen vier Monaten wird die Hälfte der Ports wegen Okklusion oder Infektion wieder explantiert! Hochvolumige, vor allem ambulante Infusionstherapie ist oft besser mit einem getunnelten Ka-theter als mit einem Port möglich. Er muss nicht dauernd neu anpunk-tiert werden; dafür ragt er etwas störend aus der Brust heraus. Aber eine Infusion können auch Angehörige, also Laien, anhängen.

Ist die nasale Sonde noch gerechtfertigt? 22

Die erstmals 1898 in den Magen eingesetzte Witzel-Fistel, ein dickes Rotgummi-Rohr, ist längst verschwunden. Ihr folgte 1954 die Katheterjejunostomie. Sie wird am Ende großer Bauchchirurgie angelegt. Nasale Sonden aus PVC, die rasch Druckulzera erzeugen wegen Auslösung des „Weichmachers", wurden durch Silikonkautschuk oder Polyurethan ersetzt. 1980 wurde die perkutan-endoskopisch in den Magen gebrachte Sonde, kurz PEG genannt, eingeführt. Zuletzt gab es in Deutschland jährlich 200.000 Eingriffe. Die perkutan-endoskopische Jejunostomie (PEJ) wird nur selten gebraucht. Nur Wenige praktizieren die (fast unbekannte) Direktpunktion des Magens unter Durchleuchtung, die Radiologically inserted gastrostomy (RIG). Sie spielt keine Rolle.

Praktisch immer wird man dem Kranken zuerst die nasogastrale Sonde vorschlagen, denn sie hat **Vorteile**: Auch bei Gerinnungsstörung ist das Einführen möglich, wenig invasiv und meist rasch erledigt. Heutige Sonden erzeugen keinen Druckschaden, wenn nach vier Wochen die andere Nasenseite genommen wird. Aber kaum ein Kranker bleibt so lange bei der „nS". Die Sonde entstellt ein wenig das Gesicht. Wenn sie bleiben soll, kann sie bündig mit dem Naseneingang mit einer „Olive" abgeschlossen werden; dann fällt der Kranke im Alltag nicht auf. Das Einflößen der Nahrung in den Magen und nicht in den Darm ist am natürlichsten. **Nachteile** der Nasensonde sind: (a) die schwierige Passage bei verkrümmtem Septum oder Hypertrophie der unteren Nasenmuschel, (b) das Passieren des Ösophagus-Sphinkters (Schließmuskel am Speiseröhreneingang) bei mangelnder Kooperation, schwerer Schluckstörung oder getrübtem Bewusstsein mit dem (c) Risi-ko von 1 % einer Fehllage in der Luftröhre und dem zuweilen (d) nicht klaren Nachweis der Sondenlage im Magen mit rein *klinischen* Methoden. Im Zweifel hilft röntgen oder sonografieren, indem man *wenig* Sterilwasser einfüllt, das bei trachealer Fehllage nicht schaden würde. Mit zunehmender Praxis verlieren diese Schwierigkeiten an Gewicht.

Allerdings ist auch der Erfahrene gefordert, wenn der Kranke die Sonde ablehnt oder wenn sein Betreuer ihr zwar zustimmt, der Kranke aber sich gegen ihre Einbringung wehrt oder sie immer wieder herauszieht, so dass ihm schließlich die Hände festgebunden werden. Diese „Fixierung" erfolgt bei der Hälfte der nicht einsichtsfähigen Patienten. Das ist eine freiheitsentziehende Maßnahme, und da in Freiheit leben der Güter höchstes ist, muss umgehend das Amtsgericht um Zustimmung zur Fixierung angegangen werden, und zwar vom Betreuer des Kranken. Bei „Gefahr im Verzug" darf ein Kranker auch 24 Stunden ohne Amtssegen fixiert werden, wenn er sich oder Dritte gefährdet. Der Aufwand für eine „einfache Sonde" kann also unversehens groß werden!

Die (zum Teil *relativen*) **Kontraindikationen** der Nasensonde sind

> sehr schwere Gerinnungsstörung
> frischer intra-/transnasaler Eingriff
> Schädelbasisfraktur mit ggf. Rhinoliquorrhoe
> Ösophagustumor oder -divertikel, Kardiastenose, Thoraxmagen
> schwere Refluxösophagitis
> frische ösophago-gastrale Anastomose (ggf. endoskopisch legen)
> *rupturgefährdete* Ösophagusvarizen

Dem Kranken sind die **Risiken** *der Sonde* zu erklären: erschwerte Nasenatmung, Reizgefühl in Nase und Rachen, etwas schmerzendes und erschwertes Schlucken, Nasenbluten (selten HNO-Arzt nötig), Fehlplatzierung in die Bronchien, Lungenentzündung sowie, als *Nebenwirkungen der Kost*, Übelkeit, Erbrechen, Durchfall u.a. Wenn es nicht eilt, warte man, bis der Patient mindestens 6 Stunden nüchtern ist, damit er nicht bei der Prozedur erbricht und aspiriert. Nehmen Sie eine **Ch-14-Sonde aus Silikonkautschuk**, sie hat das beste Verhältnis von Außen- zu freiem Innendurchmesser. Die Sonde wird im Kühlschrank gelagert, dann ist sie etwas steifer und leichter einzuführen. Je dicker das Kaliber ist (> Ch. 12, max. Ch. 15), desto mehr drückt sie in Nase und Rachen, aber dickere Sonden sind leichter einzuführen und verstopfen nicht so rasch. Dünne Sonden (5 bis 12 Ch) haben eine olivenartige Verdickung an der Spitze, trotz Führungsdraht ist das Vorbringen schwierig. Dünne Sonden verstopfen rasch, weshalb die Kost über Pumpe verabreicht werden muss. Immer muss man den Mandrin mit z.B. MCT-Öl bestreichen, damit er wieder herausgezogen werden kann, ohne die Sonde mitzuziehen. Und so findet die Nasensonde ihren Weg:

Man wählt das wegsamere Nasenloch, bringt mit dem Kleinfinger zur **Schleimhautanästhesie** *reichlichst Lidocaingel tief in die Nase ein und massiert den Nasenflügel, um das Gel auf die Schleimhaut zu verteilen. Und dann muss man eine Minute warten, denn nur so erreicht man eine gute Anästhesie des hoch empfindlichen Naseninneren! Der Kranke soll möglichst aufrecht im Bett sitzen mit nach vorne geneigtem Kopf. Die Sondenspitze wird mit Gel bestrichen und nach unten gebogen. Eine Hand stützt den Hinterkopf des Kranken, um Ausweichbewegungen zu mindern, die andere führt, immer die Spitze nach unten gerichtet, die* **Sonde auf dem Nasenboden entlang**, *also im unteren Nasengang. Mit einer Mischung von Vorsicht und Entschlossenheit kommt man in den Nasenrachen und tiefer. Dann möge der Patient, sofern er koopera-*

tiv ist, einige Male zu schlucken versuchen, so dass im rechten Moment die weiter vorgeschobene Sonde den Eingang in den oberen Ösophagus findet, danach geht es meist glatt weiter. Ist die Sonde aber kaum voran zu bringen, dann liegt sie meist gekringelt im Rachen, sie muss zurückgezogen werden und alles beginnt von vorn. Hustet der Kranke oder ist Luftströmung am Sondenende hörbar, dann ist die Sonde in die Trachea gelangt: ebenfalls da capo. Zeigt der Blick in den Mundrachen aber einen geraden Sondenverlauf und die Markierung auf der Sonde etwa 45 cm an, darf man sich am Ziel wähnen. Ein pH < 4 im Aspirat belegt die gastrale Lage oder auch ein zweifelsfreies, mit dem Stethoskop im Oberbauch zu hörendes Blubbern nach raschem Einfüllen von Luft mittels Blasenspritze. Entscheidet man sich für „Sonde liegt gut", wird sie mit stark haftendem Pflaster am Nasenrücken und an der Wange fixiert. Unmittelbar vor Eintritt in die Nase wird sie markiert. Das wird meist vergessen, aber es ist wichtig, um zu bemerken, ob die Sonde etwas herausgerutscht ist oder herausgezogen wurde. Eine Röntgenaufnahme zum Nachweis der richtigen Lage und zum Ausschluss von Schleifen im Ösophagus ist ideal, erfolgt aber in der Regel nicht. Unmittelbar nach Einbringen kann die Sonde befahren werden. Im Ideal ist die Prozedur in zehn Minuten beendet. Bei Unkooperativen, Bewusstseinstrübung oder Schluckstörung sei man geduldig. Bleibt man glücklos, kann man das Nasenloch wechseln, eine andere Sonde wählen, einen Erfahreneren beiziehen oder aufgeben. Soll die Sonde partout transnasal platziert werden, bleibt nur das endoskopische Vorgehen. Darüber muss nach Beruhigung der Lage neu verhandelt werden.

Bei Magenatonie mit Reflux/Erbrechen kann die allerdings nur endoskopisch platzierbare transnasale **Trilumensonde** sinnvoll sein. Sie hat ein *gastral* endendes Lumen zur Ableitung von Mageninhalt, ein *jejunales zur* Ernährung und eines für den Führungsdraht. Erwägt man diese Variante, frage man sich, was gegen die ja auch **doppelläufige PEJ** spricht. Liegt eine Mehrlumensonde, muss man genau hinsehen, welches Ende „außen" wo „innen" endet: Meist ist der gastrale Schenkel mit „g", der jejunale mit „j" gekennzeichnet. Diese Markierungen auf der Sonde muss man förmlich suchen. An „g" wird der Ablaufbeutel (tief hängen) für den Mageninhalt, an „j" die Sondenkost angeschlossen. Bei jedem Patientenkontakt ist die richtige Lage zu prüfen! Wechsel des Überleitsystems, Spülen der Sonde vor und nach Medikamentengabe, Handhabung der Pumpe und gute Nasen- und Mundpflege sind Sache der Pflegekräfte. Wenn der Kranke wieder ausreichend trinkt und isst, wird die Sonde einfach langsam herausgezogen, am besten bei leerem Magen.

Ist Ernährung über eine Sonde für länger als sechs Wochen absehbar, wird man dem Kranken/seinem Betreuer zur PEG raten. Diese perkutane endoskopische Gastrostomie hat zwar auch Nachteile, und das Einsetzen ist invasiv. Dennoch hat sie im Vergleich zur nasalen Dauersonde klare **Vorteile**: Sie wird kaum gespürt, nur wenige Kranke manipulieren an ihr. Trotz Zugs gelingt aber (dank *innerer* Haltplatte) das Herausziehen nur selten. Lag die PEG schon lange, passiert meist nichts, ansonsten kann Mageninhalt in die freie Bauchhöhle gelangen mit dem Risiko der Peritonitis. Eine PEG kann unter der Kleidung verborgen werden. Wieder schlucken lernen gelingt besser als mit nasaler Sonde. Da der *untere* Ösophagussphinkter nicht beeinträchtigt wird, sind Reflux und Erbrechen seltener, die Aspirationspneumonien leider nicht. Die weitlumige PEG verstopft nicht so leicht. Sie kann jahrelang bleiben. Wer die Schluckstörung behält, kann leichter selbst mit der PEG umgehen als mit der Nasensonde. Bevor man die PEG anpreist, muss man einiges bedenken, um sich keine Abfuhr vom Endoskopeur einzuhandeln! Zuerst braucht man eine klare **Indikation** zur Langzeiternährung. Neurogene Schluckstörungen (50 %) und Tumorkrankheit (30 %) sind am häufigsten. Der Rat zur PEG kann bei fortgeschrittenem Krebsleiden oder unklarem Willen des Patienten bestreitbar sein; die Empfehlung „Keine PEG wegen Demenz!" ist durch Studien gesichert. Weitere Indikationen sind Raumforderungen im Rachen, absehbar nicht mehr behandelbare Stenosen der Speiseröhre, anhaltendes Koma und neurodegenerative System- bzw. Muskelerkrankungen. Häufige **Kontraindikationen der PEG** sind (a) Peritonealkarzinose, (b) massiv Aszites, (c) PTT > 45 s, Thrombozyten < 50.000/µl, INR > 1,5, (d) sehr schlechter Allgemeinzustand, (d) Nahrungsverweigerung bei Demenz und (e) Peritonealdialyse (umstritten). Ein nach Billroth I oder II operierter Magen ist keine Kontraindikation, aber das Risiko des Misslingens ist höher. Ein ventrikulo-peritonealer Shunt spricht nicht gegen die PEG; den Verlauf (mal rechts-, mal links-paramedian) sollte man aber vorher sonografisch auf der Bauchhaut markieren.

Über die **Risiken der PEG** muss *schriftlich* aufgeklärt werden: Lokale, aber konservativ beherrschbare Infektion (15 %), tagelanger „peritonealer" Schmerz (10 %), Leck der Magenwand mit Austritt von Mageninhalt (5 %), interventionsbedürftige Blutung, Abszess, Magenperforation, gastro-kolische Fistel, nekrotisierende Fasziitis oder akute Peritonitis (2 %) und akute Letalität (1 %) sind anzuführen. Das ergibt mindestens 5 % „Major complications"! Eine PEG ist ein übles Omen: Nur einen Monat nach Anlage sind schon 15 % der Kranken verstorben, nach einem Jahr aber 50 %. Vor dem immer *elektiven* Eingriff ist jegliche **Antikoagulation** abzusetzen. Die Pause beträgt fünf Tage bei ASS und anderen Thrombozytenfunktionshemmern. Kumarine haben zum Teil eine Halbwertszeit von 120 Stunden, aber per INR ist die Lage einfach zu überschauen. Die direkten Antikoagulantien Apixaban, Dabigatran (*nie* per Sonde!), Edoxaban und Rivaroxaban sind nach nur ein bis zwei Tagen nicht mehr wirksam, aber das reale Maß der Antikoagulation ist nur mit großem Aufwand, in der Praxis also *nicht* messbar. Unter „altem" Heparin in volltherapeutischer Dosis genügen 24 Stunden Pause. Eine Thromboseprophylaxedosis am Vorabend ist möglich, ausgenommen mit Fondaparinux, das eine sehr lange Halbwertszeit hat. Das eigentlich plausible **Bridging**, das Überbrücken der Antikoagulationspause mit niedermolekularem Heparin, ist in jüngeren Studien (Krabbe, 2016) doch nicht so gut wie gedacht. Die Lage ist verzwickt, denn es ist zu wägen zwischen dem Blutungsrisiko durch den Eingriff und der Emboliegefahr, also v.a. dem Schlaganfallrisiko, wenn eine Vollantikoagulation zu lange unterbrochen wird. Phenprocumon ist anders zu betrachten als die direkten Antikoagulantien, bei denen Dabigatran eine eigene, in den Augen vieler Kliniker eher nachteilige Stellung hat, und der wichtigste Blick gilt der Nierenfunktion. Am einfachsten fragt man daher rechtzeitig den, der die PEG anlegen soll, wie er es denn gerne hätte und protokolliert das.

Nach acht Stunden Nüchternheit wird der Kranke mit *am Vortag* eingeholter Einverständnis, Krankenakte, aktuellen Gerinnungswerten, laufender Infusion und, bei auswärtigem Eingriff, einem Angehörigen zur Endoskopie gebracht. Eine **Antibiotikaprophylaxe** wird derzeit (2017) nur bei schwerem Immundefizit wie AIDS, nach Herzklappenersatz oder Endokarditis empfohlen. Meist wird einmalig Ceftriaxon (2.000 mg i.v.) verabreicht. Die Befürworter einer *großzügigen* Prophylaxe können sich darauf berufen, dass der Rachen bei der Hälfte der Schwerkranken bakteriell fehlbesiedelt ist, und in der Tat finden sich oft flächig-borkige Beläge, die trotz guter Mundpflege einfach nicht erreichbar sind. Nach einer retrospektiven Analyse der Universität Tübingen (Poster, DGIM-Kongress, 2016) hatte *einer* von *sieben* Kranken einen Nutzen durch „prophylaktische Antibiose für alle", obwohl Mittel jeder Substanzklasse verwendet wurden. Diese NNT = 7 bedeutet ein hervorragend gutes Verhältnis von Aufwand und Nutzen. Daher sollte man vor der PEG häufiger eine vorsorgliche Antibiose geben, „je kränker, desto eher". Läuft es gut, ist nach 30 Minuten unter Analgosedierung die PEG gelegt, ohne dass der Kranke davon viel merkt. *Wie* nun die Sonde in den Magen kommt, schaue man sich vor Ort an. Das ist einprägsamer als jede Beschreibung.

Leider können **Schwierigkeiten bei der PEG-Anlage** und überraschende Befunde das Vorgehen erschweren: Fehlende Diaphanoskopie (Lichtschein des Endoskops nicht von außen erkennbar, meist wegen dicker Bauchwand), Luftaspiration *vor* Erreichen des Magens (dann wurde das Kolon punktiert), florides Magengeschwür, schwere erosive Gastritis oder ein Tumor führen zum **Abbruch bei 5 %** der Patienten. Das muss man hinterher besprechen. Im Normalfall aber kehren alle nach unkompliziertem Eingriff bald auf die Station zurück. Hier ist der sterile Wundverband anfangs häufig zu inspizieren, um eine Nachblutung oder Flüssigkeitsaustritt zu bemerken. Bereits nach zwei Stunden könnte die PEG befahren werden, aber vorsichtshalber wird meist erst 6 bis 8 Stunden später mit Wasser allein und mit Nahrung erst nach 24 Stunden begonnen. Das viszerale Magenperitoneum muss unbedingt mit dem Peritoneum parietale der Bauchwand verkleben. Deshalb soll man erst nach 24 bis 48 Stunden die Sonde aus der *äußeren* Halteplatte lösen und dann wieder so befestigen, dass 5 mm Bewegungsspiel bleiben: Dazu wird die Sonde sachte etwas vorgeschoben, gedreht und wieder lose angezogen. Dieses tägliche (!) Manöver begünstigt die Formung eines granulierten Kanals und verhindert das Einwachsen der *inneren* Halteplatte in die Magenschleimhaut, was den Namen „**Burried bumper**"-Syndrom erhalten hat. Bei 2 % der Patienten passiert das, aber es ist ein vermeidbarer Behandlungs-, also Kunstfehler! Dieses Syndrom kündigt sich an durch eine schwerer durchgängige Sonde, über die man zuletzt nichts mehr aspirieren kann. Spätestens dann muss man aufmerken. Meist gelingt es dem Versierten, per Endoskop die von Mukosa überwachsene, manchmal bis in die Bauchwand vorgedrungene innere Halteplatte wieder zu befreien.

Die Eintrittsstelle ist täglich desinfizierend zu reinigen, mit Octenidinlösung beispielsweise, und steril zu verbinden. Beim unruhigen, uneinsichtigen Kranken kann das Pflaster nicht groß und haftend genug sein, um die Sonde vor seinem Zugriff zu schützen. Liegt die PEG längere Zeit ohne Probleme, ist kein Verband mehr nötig, zum Duschen oder Baden wird eine wasserdichte Folie aufgeklebt. 95 % der Kranken sind mit der Standard-PEG gut versorgt. Stört der herausragende Schlauch, können „Button"-Systeme verwendet werden. Die **perkutan-endoskopische Jejunostomie** (PEJ) ist schwerer einzubringen als die gastrale, aber sie hat den großen Vorzug Doppelläufigkeit. Eine *jejunale* Sonde darf man *nicht* mobilisieren!

Auch eine **Feinnadel-Katheterjejunostomie** (FKJS), die ja weder an der Darmwand noch im Bauchinneren angenäht ist, muss man besonders gut schützen: Sie ist wirklich im Handumdrehen (Verbandswechsel!) draußen, wenn sie nicht an der Bauchwand per Naht gesichert ist.

Auf die Stichstelle *begrenzte* **Infektionen** können meist lokal mit Antiseptika behandelt werden, am besten Polyhexanidgel; Chlorhexidinlösung ist zweite Wahl. Jodhaltige Salben (Povidon; Betaisodona[R] u.v.a.) zermürben die Sonde, bis sie reißt! *Ausgedehnte* lokale Infektionen erfordern über Antiseptika hinaus eine Antibiose, meist findet sich Staphylokokkus aureus. Aus dem Stichkanal austretende Sondenkost kann Eiter ähneln, dieser ist im Stix aber glukosefrei; auch ein Anspülen der Sonde mit methylenblauem Wasser hilft weiter. Chirurgisches Eingreifen ist selten erforderlich. Im Zweifel muss die PEG leider wieder entfernt werden, aber möglichst nicht in den ersten zehn Tagen, da der Stichkanal noch nicht granuliert ist und saurer Magensaft in die freie Bauchhöhle gelangen könnte. Bevor man den Kranken erneut zur Endoskopie schickt, soll man sonografisch die Ursache einer Komplikation suchen. Die Trefferquote ist erstaunlich hoch.

Eine PEG kann ohne Wechsel jahrelang verbleiben, bei Nichtgebrauch wird sie täglich ein Mal durchgespült. Ist sie aber länger als etwa zwei Wochen entbehrlich geworden, kann man die **PEG-Entfernung** erwägen. Eine *Konsensus*-Konferenz riet vor Jahren *generell* zur *endoskopischen* Bergung des nach dem Abschneiden im Magen liegenden Rests. Das ist auf jeden Fall richtig bei Kindern oder wenn ohnehin ein Vorbefund zu kontrollieren ist. Alternativ kann man aber, hierüber gibt es sogar *Studien*, die PEG so knapp wie möglich über der Haut abschneiden und dann mit einem stumpfen, sterilen Instrument den Fistelkanal nachsondieren, um das Fragment sicher ins Magenlumen zu schieben. Ein Abführmittel hilft, es auszuscheiden. „Einfach abschneiden" ist *nicht* erlaubt bei Magenausgangsstenose, M. Crohn oder Colitis ulcerosa, nach früheren Bauchoperationen oder Enteroanastomosen, die womöglich verengt sind: Als Komplikation droht das Steckenbleiben des einige Zentimeter langen Stücks plus Halteplatte an der Bauhinschen Klappe oder sonstwo. Dann muss es koloskopisch oder gar operativ geborgen werden. Nur wenn der Kranke dieses, bei Beachten der Verbotsgründe geringe Risiko tragen will, darf man die PEG kappen. Manchmal tun das verwirrte Kranke selbst, z.B. per Nagelschere. Dann muss man nicht gleich nervös werden: Selbst verschluckte Stecknadeln werden fast immer atraumatisch bis zum Ende durchbugsiert. Gleichgültig wie sie heraus kam, schon wenige Stunden nach Entfernung der PEG ist der Fistelkanal geschlossen, und der Kranke darf wieder essen. Nur falls ein Patient die Sonde tatsächlich inklusive der Unterlegscheibe herausreißt, ist Vorsicht geboten!

Spätkomplikationen sind nicht ganz selten: Binnen zwei Jahren reißt die PEG bei knapp 50 % der Patienten ein oder bricht sogar durch, bei fast 10 % verstopft sie endgültig und bei 2 % tritt das „Burried bumper"-Syndrom ein, so dass doch häufig eine Neueinlage nötig wird.

Sondenernährung? – ... ist doch einfach! 24

„Home made"-Nahrung ist längst durch industrielle Produkte ersetzt. Astronauten-
kost aus der Tube erreichte aber nie das All, weil sie ungenießbar war. In der Medizin
ist Sondenkost nicht mehr wegzudenken. Sie heißt so, weil sie wegen des unverändert
schlechten Geschmacks nur durch einen „Schlauch" in den Körper eingebracht wird.

Die **Differentialtherapie** mit Sondenkost ist nur scheinbar kompliziert:
90 % der Kranken genügt *eine* Standardnahrung, die hausintern festgelegt ist. Die Kunst ist, für die übrigen 10 % das Geeignete zu finden.
Zuerst denke man jedoch an die **Kontraindikationen**

> unklares Abdomen: Ileus, Peritonitis, Ischämie, Atonie?
> akute gastrointestinale Blutung
> kurzfristig wiederholtes Erbrechen
> bedenkliche Hypoxie, Hyperkapnie (pCO_2 > 65 mm Hg)
> mittlerer arterieller Blutdruck < 60 mm Hg, schwere Azidose
> Vasopressorengabe („Minidosis" erlaubt)
> Leberkoma
> Trauma/große Operation (mindestens 24 Std.)
> Beatmung in Bauchlage (> *jejunal* ernähren)

Enterale Ernährung von *Intensivpatienten* ist zu erwägen, wenn sie vermutlich länger als drei Tage ungenügend essen. Nach Bauchchirurgie
und selbst bei schwerer Pankreatitis ist frühe *enterale* Ernährung besser
als intravenöse; es genügt aber, nach 24 Stunden mit ihr anzufangen.
Bei *leichter Kranken* beginnt man per Sonde zu ernähren, wenn sie vermutlich länger als 7 bis 10 Tage weniger als die Hälfte essen werden.
Vor der ersten Sondenkostgabe sollte das **gastrale Residualvolumen**
durch Aspiration bestimmt werden. Liegt es über 200 ml wird (nicht
einmütig) empfohlen, keine Nahrung zu geben. Nach zwei bis vier
Stunden wird wieder geprüft. Unter laufender Kostgabe ist das ratsam,
wenn der Kranke Völlegefühl beklagt oder sich erbricht. Es gibt auch
Studien, in denen ohne Nachteil ein Residualvolumen bis 500 ml toleriert oder garnicht gemessen wurde. Manche empfehlen, die Kostzufuhr für zwei Stunden zu unterbrechen und dann den **Magensaft-pH**
zu messen. Ist der pH < 4, ist der Magen vital – er produziert ja Säure!
Aber: Säureaspiration lässt Kostreste ausflocken, und dem Sondenma-
terial schadet Säuredurchfluss ohnehin. Bevor man „loslegt", sollte
man sich folgende Fragen stellen:

Wo endet die Sonde? Hat der Kranke eine nasogastrale, können *alle* Nahrungen gegeben werden; die Zufuhr ist per Pumpe, als Schwerkrafttropf oder, normale Magenentleerung vorausgesetzt, auch im Bolus möglich. Zu Beginn entscheidet man sich immer für die Pumpe. Nur mit ihr sind die anfänglich geringen Volumina zuverlässig zuzuführen und sie gibt Alarm, wenn etwas nicht stimmt. Endet die Sonde im *Jejunum*, wird *immer* per *Pumpe* ernährt. Die Kost wird unabhängig von der Lage der Sonde langsam und mit nieder*osmolarer* Nahrung aufgebaut. Nur wenn die immer, auch bei jejunaler Sonde, zu bevorzugende hoch*molekulare* Kost zu Durchfall führt, nimmt man *niedermolekulare* („Oligopeptiddiät"), die ohne Pankreasleistung verdaubar ist.

Wie viel Wasser braucht der Kranke? Wenn keine Verluste zu korrigieren sind, kein Fieber oder Durchfall und kein Grund zur Begrenzung vorliegt, dann beträgt der tägliche Wasserbedarf etwa 30 ml/kg. Für den 75-kg-Menschen bedeutet das 2.300 ml Wasser. *Niederkalorische* Sondenkost besteht zu 85 % aus bloßem Wasser, *hochkonzentrierte* nur zu 70 %. Da muss man etwas rechnen! Weil das Volumen jeglicher Sondenkost vor allem bei schwer Kranken nur langsam gesteigert werden darf, beginnt man ggf. sehr vorsichtig mit nur 10 bis 20 ml/Std. am Tag 1, bei mäßig bis leicht Kranken mit 30 bis 40 ml/h, bis 500 ml Sondenkost, die ca. 400 ml Wasser beinhalten, eingelaufen sind. Das dauert mindestens 12 Stunden und ist bei 10 ml/h selbst nach einem Tag nicht zu Ende! Der durchschnittliche Kranke erhält 10 Tabletten/d, die einzeln in ca. 30 ml Flüssigkeit gelöst werden müssen, so dass allein hierdurch 300 ml Wasser verabreicht werden. So bleiben 1.800 bis 2.000 ml Wasser, die intravenös oder ebenfalls über die Sonde zugeführt werden müssen. Wählt man die Gabe auch via Sonde, muss dies *parallel* zur Kost erfolgen, damit der Kranke nicht verdurstet. **Sondenkost mit Wasser verdünnen** ist die beste Lösung: Man führt sie entsprechend schneller zu. Am „Tag 1" mische man also 250 bis 500 ml Sondenkost mit circa 2.000 ml Wasser und kommt so auf 100 ml/Std Zufuhr. Einziges Risiko des Verdünnens ist die (minimale) Gefahr der bakteriellen Kontamination. Am „Tag 2" wird die Sondenkost auf 1.000 ml gesteigert. Läuft sie separat vom Wasser, dann mit 60 ml/Std über 16 Stunden. Es werden 1.400 ml Zusatzwasser benötigt. Und-so-weiter. Ist nur eine geringere Kostzufuhr möglich, muss langsamer gesteigert werden, z.B. nur um 10 ml/h jeden Tag, und dann stets ohne „Nachtpause".

Das **Zufuhrmaximum** soll 120 bis 140 ml/Std. *unverdünnte* Sondenkost selbst bei subjektiver Verträglichkeit nicht überschreiten, um das Risiko von metabolischer Überforderung oder Durchfall klein zu halten. Was man auch nimmt: Maximal 2.000 ml Sondenkost (die können ja 1.000 bis 4.000 kcal enthalten) werden zugeführt, was noch immer die Zulage von Wasser erfordert. Die Zufuhr muss sich über mindestens 16 Stunden (länger ist besser) hinziehen, das entspricht dem Normalen. **Nächtliche Zufuhr** ist richtig, wenn die Kost schlecht toleriert wird, um doch noch die gewünschte Menge zu erreichen oder um zu ergänzen, was der Kranke am Tag zu wenig isst. Wird die Ernährung durch Völlegefühl, Erbrechen oder Durchfall erschwert, werden Kost und Wasser gemischt und über 24 Stunden zugeführt. Die „Nachtruhe" der Stoffwechselorgane kann schadlos zurückstehen! Intensivpatienten tolerieren oft nur 10 bis 30 ml/Std. Dennoch genügt das, um die Zottenatrophie hintan zu halten. Bei *jejunalem* Zugang wird ebenfalls mit kleinen Volumina begonnen. Zuerst nimmt man eine Kost mit einer **Osmolarität** unter 450 mosm/l, um osmotisch bedingtem Durchfall vorzubeugen. *Hochmolekulare* Kost *niedriger* Kaloriendichte ist trotz jejunaler Sondenlage die erste Wahl, ihre Osmolarität liegt bei 300 mosm/l. Wird das toleriert, steigert man bis zum Maximum von 140 ml/h. Erst dann folgt eine höherkalorische/höherosmolare Kost. Ist **hochmolekulare Kost** unverträglich, wird niedermolekulare (früher: Oligopeptiddiät) versucht. Allerdings liegt ihre Osmolarität mit 700 mosm/l deutlich über der Durchfallgrenze, sie muss ggf. verdünnt werden. Die **Merksätze** lauten: Sondenernährung wird drei bis fünf Tage aufgebaut, bei Nebenwirkungen lässt man sich Zeit. *Unverdünnte* Sondenkost darf mit max. 140 ml/Std. einlaufen. Sie muss über mindestens 16, besser bis 20 Stunden verteilt werden. Die Gabe auch über Nacht kann angebracht sein. Ob das mehr Reflux bringt, ist bisher ungeklärt.

Wie hoch ist der aktuelle Kalorienbedarf? In Ruhe sind 30 kcal/kg täglich richtig, im Alter und bei Frauen etwas weniger. Wer zunehmen soll, erhält bis 45 kcal/kg, aber erst in wirklich stabilem Zustand. Stets ist zu wägen, ob die Nahrung auch verwertbar ist.

Soll die Sondenkost Ballaststoffe enthalten? Je nach Hersteller sind nur zwei oder aber bis fünfzehn Gramm in 1.000 kcal enthalten. Täglich *dreißig* Gramm (bei 2.000 kcal Zufuhr), die von der DGE empfohlen sind, wird nicht jeder auf Anhieb vertragen. Also auf die Packung sehen und die Menge langsam steigern. Ballaststoffe stammen aus Pektin, Guar, Gummi arabicum, Sojabohnen und aus der Topinambur-Knolle gewonnenem Inulin, das viel **Fruktooligosaccharide** enthält. Die früher „chemisch definiert", heute niedermolekular genannte Kost ist immer frei von Ballaststoffen. Die Beweislage für deren Nutzen ist dürftig. Es hat sich eingebürgert, sie bei langdauernder Sondenernährung zu geben oder wenn unter Ballaststoff-freier Kost Verstopfung auftritt und schlicht auch, wenn es kein Gegenargumente gibt. Ihre **Kontraindikationen** sind eingeschränkte Verdauung bzw. verminderte Resorption der einfachen Nährstoffe, also exokrine Pankreasinsuffizienz, Kurzdarmsyndrom, Malassimilation, intestinale Stenose, aktiver M. Crohn, Fehlen längerer Kolonabschnitte (fehlende Darmflora zur Fermentation der NSP!) und (häufigster Anlass) die intestinale Atonie, vor allem des Magens, nach Bauchchirurgie.

„Pumpe, Bolus oder Schwerkraft?" Endet die Sonde jejunal, muss immer mit Pumpe ernährt werden, liegt sie gastral, ist die Pumpe zumindest während des Kostaufbaus ratsam. Hat das gut geklappt, könnte man mit Hilfe der Schwerkraft die Kost eintropfen lassen; das ist nicht mehr üblich. Nährbeutel und Akku-betriebene Pumpe können in einen Rucksack gesteckt werden, dann ist der Kranke, kaum als solcher erkennbar, mobil. Möchte er ohne Pumpe auskommen, kann er sich die Nahrung auch per Blasenspritze als Bolus zuführen. Das muss langsam geschehen: Man soll in einer Minute nur 20 ml raumtemperierte Sondennahrung einfüllen, da die Erwärmung auf 37 °C wegen Umgehung der Speiseröhre entfällt. „Zu kalt, zu schnell, zu viel!" sind drei leicht vermeidbare Gründe für Erbrechen. Ein Bolus soll max. 300 ml Kost beinhalten plus 30 ml Wasser zum Freispülen, also muss eine „Mahlzeit" 20 Minuten dauern, wie auch sonst. Zwischen 6.30 und 21.30 Uhr können alle 3 Stunden 300 ml Sondennahrung gegeben werden, also 1.800 ml täglich. Bei 1,5 kcal/ml ist das mehr als ausreichend; über Nacht läuft fehlendes Wasser per Schwerkraft ein. Auch Pumpen können in Intervallen einen langsamen Bolus abgeben; das praktiziert niemand. Große *Gefahr* durch Bolus-Ernährung entsteht bei Magenatonie, sie ist die wichtigste Kontraindikation. Ein „schlaffer Magen" plagt vor allem Diabetiker, an ihn muss man auch denken nach schwerem Hirntrauma, nach großen Insulten oder Hirnblutungen, einige Tage nach

Baucheingriff und bei fortgeschrittenem Parkinsonsyndrom. Zumindestens anfangs tut man gut daran, vor dem nächsten Bolus den residuellen Mageninhalt zu messen, auch wenn das (s.o.) Nachteile hat.

Was spricht gegen die hauseigene Standardkost? Hier ist zuerst an die schwere Leber- oder Niereninsuffizienz zu denken, schon seltener die respiratorische Insuffizienz. Die Präparate für Diabetiker versprechen bezüglich Minderung der postprandialen Glykämie mehr als sie halten. Immunonutrition oder Glutaminergänzung kann bei Sepsis oder großer Chirurgie erwogen werden. Nur bei stark geminderter Verdauungsleistung, Pankreasinsuffizienz, Kolitis oder Strahlenenteritis ist niedermolekulare Kost erste Wahl, auch bei Kurzdarmsyndrom. Bei Allergie gegen *Milch*-Eiweiß helfen Sojaprodukte. Gluten- oder Laktoseintoleranz ist kein Problem, Sondenkost ist frei davon. Man nehme zuerst **hochmolekulare Diät** niedriger (0,5 bis 0,75 kcal/ml), *langfristig* **mittlerer Kaloriendichte** (1 bis 1,5 kcal/ml), mehr oder weniger bald **mit Ballaststoffen**. Die aus Milcheiweiß (Casein) oder Sojabohnen stammenden Proteine (~ 15 %), die meist aus Maisstärke gewonnenen Kohlenhydrate (Poly- und Oligosaccharide, Maltodextrine; ~ 55 %) und die Fette (LCT; ~ 30 %) aus Maiskeim- oder Sojaöl, kurzum **alle Nährstoffe liegen** *nicht* vorverdaut **in großmolekularer Form vor.** Das imitiert normales Essen. Vorteil ist die normale Osmolarität. Werden 1.500 kcal/d Standardnährlösung zugeführt, ist auch die Versorgung mit Elektrolyten, Vitaminen und Spurenelementen ausreichend. Getreide, Kartoffeln, Eier, Gemüse und viele Ballaststoffe eignen sich nicht zur Beigabe in Sondennahrung, weil sie durch die Hitzesterilisation verschleimen. Die Kost wird zäh und tropft nicht mehr. Nährstoffdefinierte, hochmolekulare Standardkost kann *modifiziert* werden, indem z.B. aus Kokosöl gewonnene MCT die LCT teilweise ersetzen. Das kann angemessen sein bei ungewöhnlich hohem Energiebedarf oder gestörter Verwertung der LCT. Ein höherer Eiweiß- oder Fettgehalt kann sinnvoll sein oder es werden mehr verzweigtkettige Aminosäuren eingeführt wegen versagender Leber. Die Anreicherung der Kost mit n-3-Fettsäuren, Glutamin, Nukleotiden und Arginin wird für Schwerkranke empfohlen und dann Immunonutrition genannt. Daten zu ihrem Nutzen sind rar. Ihre Zusammensetzung richtet sich nach von viel Theorie genährten Überlegungen, aber das muss nicht in der Praxis auch klinische *Wirksamkeit* bedeuten.

Niedermolekulare Diät (NMD) hieß früher „chemisch definiert". Ihre Proteine und Kohlenhydrate sind bereits enzymatisch gespalten, so dass sie mit nur wenig Verdauungsleistung rasch resorbiert werden. Der Fettanteil ist zu Gunsten der Kohlenhydrate vermindert. Immer sind MCT enthalten, sie benötigen die wenigste Verdauungsarbeit. Die Kohlenhydrate werden aus gespaltener Stärke gewonnen und als Maltodextrin und Oligosaccharide der Kost zugegeben. NMD enthält nie Ballaststoffe. Die Eiweiße liegen als kurze, fünf- bis sechsgliedrige Aminosäureketten vor, Oligopeptide genannt. Sie werden gewonnen aus Milcheiweiß oder Weizenprotein. Dessen Gluten ist aber ebenfalls fragmentiert, so dass es auch Spruekranke vertragen! Oligopeptide vermindern die Osmolarität der NMD, die dennoch über 450 mosm/l beträgt. Der Ernährungsaufbau mit NMD muss *langsam* und immer via Pumpe erfolgen. Typische NMD enthält 1 kcal/ml. Anfangen sollte man mit niedrigerer, also 0,5 kcal/ml, Dichte. Niedermolekulare Kost hat ihre Indikation bei eingeschränkter Verdauungsleistung, beim Kurzdarmsyndrom und zum Kostaufbau nach mehr als 7 Tagen rein intravenöser Ernährung. NMD kann bei *Nahrungsmittelallergien* nützen, weil ihre Eiweiße weitgehend zerspalten und deshalb vom Immunsystem nicht mehr als Antigen erkennbar sind. Liegt die Sonde jejunal, also jenseits des Verdauungssaftzuflusses aus der Papilla Vateri, wird dennoch Standardkost verwendet, und nur wenn sie zu Durchfall führt, wechselt man zur NMD. Die Belege für deren realen Nutzen sind spärlich, sie ist fast immer nur zweite Wahl.

Man braucht *je eine hochmolekulare* Diät niedriger/normaler (0,5/1,0 kcal/ml), mittlerer (1,5 kcal/ml) und hoher (2 kcal/ml) Kaloriendichte, die Varianten ab 1,0 kcal/ml mit oder ohne Ballaststoffe, *eine* MCT-haltige, *eine* für hepatische Enzephalopathie und *eine* für Niereninsuffizienz. *Eine einzige* niedermolekulare Diät genügt. Sondenkost für Diabetiker hat keinen Vorteil. Immunonutrition oder Glutaminzulage wird nur auf Intensivstationen bedacht. Der Arzt muss seine **Anordnung** präzise formulieren, z.B. so: *100 ml/h „SoKo N."* (6-24 Uhr) per Pumpe + 50 ml/h H$_2$O (0-24 Uhr) = 1.800 ml Kost/1.800 kcal/2.600 ml Wasser. Man muss die Gebindegrößen kennen und etwas kopfrechnen, damit möglichst nichts verworfen werden muss. Das Programm sollte auch in nur 22 Stunden zu schaffen sein, weil der Kranke ja manchmal die Station für Röntgen etc. verlässt.

Ist Sondenernährung riskant?

Bei Gebrauch sterilisierter Nahrung ist eine **bakterielle Kontamination** so gut wie ausgeschlossen, da Überleitsystem und Reste nach 24 Stunden verworfen werden. Händedesinfektion und unsterile Handschuhe beim Umgang sind richtig. Eine hygienische Schwachstelle ist die Blasenspritze, wenn mit ihr wiederholt Sondennahrung gegeben wird: Sie muss jedes Mal unter fließendem Wasser gereinigt und gut getrocknet werden; nach 24 Stunden ist die nächste fällig. Sondennahrung muss nicht in den Kühlschrank. Die langsame Zufuhr bei Raumtemperatur schützt vor Erbrechen und Durchfall. Unter Sondenkost tritt häufig Durchfall auf, für den oft die Kost selbst angeschuldigt wird. Bei sachgemäßem Gebrauch aber ist sie *unschuldig*, sofern Nahrungsunverträglichkeiten und andere Kontraindikationen bedacht wurden, die Kost langsam aufgebaut und bei Raumtemperatur langsam zugeführt wird.

Antibiotika sind wegen Dezimierung der normalen Darmflora der häufigste Grund für Diarrhoe. Campylobacter jejuni, Yersinien, Salmonellen oder Colibakterien, allesamt *klassische* **Durchfallkeime**, sind bei nur mit Sondenkost ernährten Patienten eine Rarität, selten ist das Rotavirus (bei *Kindern* häufig) Durchfallauslöser. Das Norovirus wird nur selten über Nahrungsmittel verbreitet, aber in jedem Krankenhaus schlägt es zwei Mal jährlich kräftig zu und lähmt dann halbe Abteilungen. **Clostridium-difficile-assoziierte Diarrhoe** (CDAD) ist von Übel. Sie kann noch Wochen nach schon vergessener Antibiotikabehandlung einsetzen. Nur wenige Arzneien verursachen Durchfall; wegen Obstipation gegebene Mittel sind abzusetzen. Selten liegt eine Dickdarmentzündung, eine **Kolitis** also, oder eine Strahlenenteritis vor: Blutiger Durchfall rechtfertigt eine Endoskopie! Hält der Durchfall an, wird alle Flüssigkeit und Ernährung intravenös gegeben. Hört er nach Kostpause auf, liegt eine *osmotisch* **bedingte Diarrhoe** vor, z.B. Milcheiweißintoleranz. Weil zu viel Wasser im Darmlumen verharrt, kann auch ein schwerer **Albuminmangel** Durchfall auslösen. Nach Hemikolektomie und anderen größeren Darmresektionen ist der Durchfall hartnäckig: Hier darf man mit Anticholinergica, Loperamid und Colestyramin behandeln, auf ballaststoffreiche Kost ist zu verzichten. Die meistens durch Diabetes ausgelöste **autonome Neuropathie** kann Durchfall *und* Verstopfung verursachen. Nach Teilresektion des Magens ist an das

Dumpingsyndrom zu denken, ebenso bei der Gabe hochosmolarer Nahrung *in das Jejunum*, das wird dann „Tube feeding"-Syndrom genannt. Letztlich sind die Ursachen von Durchfall vielfältig und die Abklärung ist oft mühsam. Gerät nach Ausschluss der genannten Ursachen doch die Sondenkost in Verdacht, z.b. wegen **Milcheiweißintoleranz**, so wird man zwei Tage nicht *enteral* ernähren, dann die Kost wechseln z.b. auf sojahaltige mit geringer Kaloriendichte ohne Ballaststoffe und die Zufuhrrate langsam wieder steigern. Selten bringt niedermolekulare Oligopeptiddiät den Erfolg. Anhaltender Durchfall gefährdet Kleinkinder und betagte Menschen durch Dehydratation, Elektrolytentgleisung, Niereninsuffizienz oder Dekubitus.

Als **Probiotika** werden wegen Durchfalls häufig diverse Hefen und apathogene Bakterien verordnet, um mit ihnen die Darmflora zu verbessern. Kranken helfen diese *Pro*-Biotika, suggestiv so benannt, nur wenig gegen den durch *Anti*-Biotika verursachten Durchfall, z.b. wegen Überwucherung der normalen Flora durch Clostridium difficile. Angeblich ist die Diarrhoe *einen* Tag kürzer. Verwendet werden Hefen wie Saccharomyces cerevisiae, diverse Laktobazillen oder Escherichia coli/var. Nissle. Die Überzahl dieser Mikroben übersteht indes nicht einmal die Magenpassage, sie verdrängen nicht nur unerwünschte, sondern auch normale Darmflora. Bei defekter Schleimhautbarriere können Hefen und Bakterien dieses Hindernis überwinden und ihren Aufenthalt wechseln: Vom Darminneren wandern sie in die Mukosa und erreichen dort kleine Blutgefäße und das Lymphsystem. Diese **Translokation** kann aus „vollkommen harmlosen" Probiotika (*„für* das Leben ...")* aggressive Erreger machen, die zur Pilzsepsis, Endokarditis oder zum Leberabszess führen! Die Translokation ist sonografisch oder im CT erkennbar, weil Gas in der Darmwand als **Pneumatosis intestinalis** nachzuweisen ist. Typische **Kontraindikation** der Probiotika sind *alle* intensivmedizinisch Kranken und jegliche Immunschwäche.

Durchfall ist die häufigste Begleiterscheinung, aber die gefährlichste heißt **Erbrechen mit Sondenkostaspiration**. Gefährdet sind Patienten mit Schluckstörung, Verwirrtheit, fehlender Einsicht, getrübtem Bewusstsein, Atonie des Magens (frisch Operierte, Diabetiker), Kardiainsuffizienz oder mit anhaltender Reizung des Brechzentrums nach Kleinhirn- oder Hirnstamminfarkten. Eine *„gut* geblockte" Trachealkanüle ist keine Garantie gegen eine Aspiration! Zur Vorbeugung soll der Patient so lange wie möglich etwa 45° hochgelagert sein und etwas in Rechtsseitenlage. Das ist nicht durchzuhalten, weil er Lagewechsel braucht. Bolusgabe ist riskanter als niedrig dosierte Zufuhr mit Pumpe, bei Magenatonie wird auf Ballaststoffe verzichtet, weil sie die Magenentleerung weiter verzögern. Ist Sondenkost auch nachts erlaubt? Ob das beim schlafenden und flach liegenden Kranken mit verminderten Schutzreflexen gefährlicher ist als die Gabe während des Tages, ist ungenügend untersucht. Ist die Ernährung aber ansonsten nicht zu gewährleisten, sollte man nur mit wirklich guten Argumenten auf der vorgeblich „natürlichen" Kostpause in der Nacht beharren.

Prokinetika wie Metoclopramid, Domperidon oder Erythromycin können bei Erbrechen bzw. Magenentleerungsstörungen erwogen werden, aber sie haben Grenzen: In kaum 14 Tagen ist die Wirksamkeit dahin.

Nahezu endlos ist die **Differentialdiagnose „Erbrechen"**: Digitalis, Hirndruck, Insult, Tumor oder Hirnblutung, Elektrolytentgleisungen, Baucherkrankungen wie Appendizitis, Gastritis oder Pankreatitis, Chemotherapie, Norovirus, Bestrahlung, Innenohrkrankheit, Schwangerschaft, Intoxikation, Opioide, psychogenes Erbrechen u.a. Ist deshalb die Ernährung bedroht, weicht man kurz auf Intravenöses aus; längerfristig hilft nur, die Sonde in das Jejunum zu platzieren.

Erbrechen und Durchfall können bedrohlich sein. **Obstipation**, die Verstopfung, unter Sondenkost dagegen ist allenfalls lästig, sofern keine organische Ursache vorliegt. Wer einen entspannten Bauch und normale Darmgeräusche hat, wird von Verstopfung nicht bedroht, selbst wenn sie zwei Wochen dauert! Abhilfe schaffen ballaststoffreiche Speisen, Macrogol, Laktulose, Laktitiol, Picosulfat, Klysmata, Sorbit und zeitiges rektales Ausräumen, zuletzt kommen die Mittel zur Koloskopievorbereitung. Eine Pseudoobstruktion *durch Arzneimittel*, insbes. Antiparkinsonika, darf heute nicht mehr vorkommen. Viele weitere Arzneien obstipieren wegen anticholinerger Haupt- oder Begleitwirkung: Atropin, Ipratropiumbromid, N-Butylscopolamin, alte wie neue Antidepressiva, Kalziumantagonisten vom Verapamil-Typ, Opioide (*alle*, auch die mit beigefügtem Antagonist), Oxybutinin und alle anderen spasmolytischen Urologika sind möglichst abzusetzen. Wer dauerhaft ein Opioid benötigt, soll Macrogol oder Laktulose dazu erhalten.

Eine durch Sondenkost ausgelöste *metabolische* Entgleisung mit Blut-zuckeranstieg, Cholestase, Elektrolytstörung oder Anstieg der Retenti-onswerte fällt bei guter Überwachung rasch auf. Wird nach langer Pau-se zu rasch mit Ernährung, gleich auf welchem Weg, begonnen, wird das gefährlich: Kalium, Phosphat und Magnesium sinken im Blut u.U. bedrohlich ab, extreme Retention von NaCl und Wasser führt zu Öde-men und Herzinsuffizienz. Atonie der glatten Muskulatur und Hämo-lyse kommen hinzu. Meist dauert es vier Tage bis Symptombeginn. Die Krankheit heißt (engl., aber treffend) **Refeeding-Syndrom** (re-feed; an-füttern) Bei Ausgehungerten muss daher jede Ernährung langsam, über wenigstens 10 Tage aufgebaut werden. Häufige Kontrollen und Ersatz von Kalium, Magnesium und Phosphat sind zwingend. Erstmals 1945 wurde bei ausgemergelten Kriegsgefangenen und in den Vernich-tungslagern der Nazis Eingekerkerten diese Therapiekomplikation er-kannt. Die *Anorexia mentalis* ist noch heute Anlass, daran zu denken!

Jede **Sondenokklusion** kostet einigen Schweiß. Am häufigsten ver-stopfen natürlich dünne Sonden < Ch 12. Häufigster Grund sind Tab-lettenfragmente und mangelndes Durchspülen oder Spülen der Sonde mit (generell verbotenen) Früchtetees und Fruchtsäften. Sie lassen die Sondenkost ausflocken und gerinnen. Das passiert auch bei häufiger Aspiration des trotz PPI-Medikation weiterhin sauren Magensafts, z.B. zur Messung des Residualvolumens. Es ist verboten, einen Mandrin in die Sonde einzuführen, die Verletzungsgefahr ist zu groß. Anspülen mit Wasser per *Blasenspritze* ist der erste Versuch. *Kleine* Spritzen er-zeugen extremen Druck und können die Sonde schlimmstenfalls ein-reißen lassen. Hilft diese Wasserspülung nicht, kann man Pepsinwein, flüssiges Multivitamin, Cola oder in Natriumbicarbonat 8,4 % aufgelös-tes Pankreasferment in die Sonde einfüllen und auf chemische Lyse der Okklusion hoffen. Hilft alles nichts, bleibt nur der Sondenaustausch. Das schmerzt sehr bei Kindern, ja invasiv gelegter PEG oder jejunaler Sonde. Akribisches Auflösen der Tabletten, großzügiges Nachspülen nur mit Wasser, bei sehr dünnen Sonden auch alle vier Stunden selbst unter laufender Kostzufuhr – das ist die Prophylaxe. Ernähren via Pumpe ist vorteilhaft, weil „Druckalarm" oder „Beutel leer" rasch be-merkt und behoben werden. Wird eine Sonde nicht benutzt, muss man sie mindestens einmal täglich mit 50 ml Wasser durchspülen.

Tabletten durch Sonden? 26

Kann der Kranke seine Medikation nicht mehr schlucken, was bei Erfordernis einer Sonde ja regelhaft der Fall ist, dann müssen die Arzneien ebenfalls durch die Sonde. Mit diesem täglichen Problem schlägt sich vor allem das Pflegepersonal herum. Kaum ein Arzt, der rasch eine Fülle an Medikamenten anordnet, kennt die Fragen, die sich dabei ergeben, noch weniger die Antworten, weil er über Galenik, Wirkänderung nach Zermörsern, pH, Sorbitolgehalt oder Osmolarität von Dragees, Gelatine- und Kunststoffkapseln, Granulaten, Säften, Schmelztabletten, Tabletten, Filmtabletten, Tropfen und ... nichts Genaues weiß.

Auch bei begrenzter Hausliste fallen zwanglos 200 Arzneien an, die zu *schlucken* sind. Niemand kann sich die Besonderheiten ihrer Gabe durch eine *Sonde* behalten. Manche Apotheken bieten an, den Medikamentenplan des Patienten zu bearbeiten. Das ist gut, aber aufwändig, und dauert über ein Wochenende zu lange. Eine andere Möglichkeit ist, in der internen Arzneiliste für jedes Präparat anzugeben, ob es geteilt oder zermörsert werden darf, ob es in Wasser suspendierbar ist, ob eine Kapsel geöffnet werden darf oder (meistens) nicht, ob Auflösen in *mehr* Wasser als üblich nötig ist wegen hoher Osmolarität, ob die intravenöse statt der oralen Zubereitung gegeben werden darf, ob das Mittel drei- statt zweimal zu geben ist wegen Verlust der Retardierung und so fort. Dann kann alles mit einem „Kürzel" hinter dem Medikament in der Kurve notiert werden, denn diese hat ja der „Tablettensteller" jedes Mal vor Augen.

Trotz ausgefeilter Kontrollsysteme liegt die Fehlerquote beim Einsortieren von Tabletten bei etwa 3 %! Werden Sie hellwach, wenn Sie **Antiepileptika, Antiarrhythmika, Antiasthmatika, Antiparkinsonika, Opioide oder Antikoagulantien** lesen. „Anti- ..." ist häufig riskant! Man denke bloß an das *niemals über Sonde* zu gebende Dabigatran, die Resorption nimmt nach Mörsern massiv zu. Bei diesen riskanten Mitteln muss man nachlesen, bis man sich wirklich sicher ist, wie es geht! Gesteigerte oder geminderte Wirkung gerade dieser Substanzen kann üble klinische Folgen haben, und auf die Idee, das liege nur an der Gabe des *gemörserten* Medikaments, muss erst mal einer kommen.

Darf man Medikamente der *Sondenkost* zugeben? Nein, niemals! Nur dem *Wasserbehältnis* können **Brausetabletten** (Kalzium, Kalium) oder Kochsalz (max. 5 g/l) zugesetzt werden. Jedes Medikament ist *einzeln* durch die Sonde zu geben, vor dem ersten ist sie mit 30 ml Wasser zu spülen. Damit sie nicht verstopft wird, sind Tabletten fein zu mörsern, in mindestens 30 ml Wasser aufzuschwemmen und unverzüglich zu verabreichen. Dann ist die Sonde wieder mit wenig (5 ml) Wasser zu spülen, bevor das nächste Mittel folgt. Die meisten **Tabletten** dürfen zermörsert werden, Ausnahmen erfordern das skizzierte Vorgehen. Auch wenn eine **Retardformulierung** aussieht wie eine normale, darf sie nicht zermörsert werden, das Retard-Prinzip würde zerstört. Magensaftresistente **Kapseln** fühlen sich an „wie Plastik". Nur wenn ihr Inhalt nochmals mikroverkapselt ist, darf man sie öffnen. Die Minikügelchen müssen mit viel Wasser durchgespült werden. Bei sehr dünnen Sonden ist das aber schon riskant! Tabellen über Hunderte Standardmedikamente und wie sie über Sonde zu geben sind werden von Universitätsapotheken, z.B. Basel und Tübingen, im Internet veröffentlicht. Sind viele Tabletten zu geben, kann das heißen, 200 ml Flüssigkeit einzufüllen. Das ist ein „großer" Bolus, daher langsam arbeiten. Besonders zeitraubend wird das, wenn der Patient eine *jejunale* Sonde hat, dann muss man sich wirklich bremsen. Selten kann man auf eine dermale oder i.v.-Gabe des Mittels ausweichen. Jedem Kranken muss man **bei Entlassung eine Anweisung mitgeben**, wie die Medikation via Sonde zu verabreichen ist; leider wird das nur selten getan. Ärzte und Pflegepersonal müssen das dringend ändern.

Wenn weder die normale noch die Ernährung über Sonde möglich ist, dann muss man den Kranken mit Infusionen „über Wasser halten". In Deutschland sind über 300 Infusions- und Nährlösungen, i.v.-Vitamine, Elektrolyte, Spurenelemente und Volumenersatzlösungen erhältlich. Viele Produkte sind weitgehend oder völlig identisch. Wenn nur wenige Mittel kursieren, werden weniger Fehler mit ihnen begangen. Auch im Großklinikum genügen 25 infundierbare Präparate für 90 % der Patienten, daheim oder im Pflegeheim reichen zehn. 1831 wurde in England erstmals eine Kochsalzinfusion verabreicht: Ein Cholerakranker erhielt sie und überlebte! Der Durchbruch begann 1950. Reindarstellung der Substrate, Sterilität, zumutbare Venenzugänge, verträgliche Fette und Mehrkammerbeutel sind heute normal. Einen guten, systematischen Überblick bietet die Rote Liste, Kap. 52. Kundiger Umgang „nur" mit Sondenkost verschafft niemandem ein Renommee, denn als hohe Schule gilt die totale parenterale Ernährung, kurz TPE.

> Infusionsernährung ist *riskant, weil invasiv.*
> Ihr *Nutzen* wird v.a. von *Anfängern* überschätzt.
> Die *Gefahren* aus „ZVK + TPE" werden von *allen* unterschätzt.
> Jede Infusion lässt sechs Meter Darm links liegen.
> Weil der so träge ist, macht er manche Fehler unter Sondenkost gut.
> Wird *nur infundiert*, kann der Darm nicht mehr lindernd eingreifen.
> Infusionen strömen *direkt* in das *Minikompartiment* Blutbahn
> Nach einer Woche i.v.-Ernährung leiden schon die *Dünndarmzotten.*
> Dann können Darmkeime und Probiotika *Translokation* begehen.
> Dem beugt schon eine *minimale* enterale Ernährung vor!
> Nach langer TPE muss die enterale Ernährung *langsam beginnen.*

Diese zehn Grundsätze sind das Grundgesetz!

Wie gebe ich Wasser, Elektrolyte und Vitamine i.v.?

Die einfachste Lösung ist **Aqua pro infusione**, Sterilwasser. Aqua enthält *nichts* außer H_2O und darf nicht infundiert werden, weil seine Osmolarität null ist und größere Mengen daher zur Hämolyse führen. In Aqua wird aber alles Infundierbare gelöst. Unendlich mehr als das „Nichts" in reinem Aqua enthalten **Halbelektrolytlösungen**. Ihr Name ist abgeleitet vom ungefähr halbnormalen *Natrium*-Gehalt, d.h. 60 bis 90 bis mmol/l. Mathematisch korrekt wäre die 0,45 %-Lösung. Da sie hypoton ist, wird mit Glukose die Osmolarität erhöht. Ein Beispiel ist Jonosteril HD 5[R]: H steht für Halbelektrolyte, D5 für Dextrose 5 %. Die einzige *glukosefreie* Halbelektrolytlösung enthält, um plasmaisoton zu sein, viel Kalium, Magnesium und Zink (Inzolen[R]). Halbelektrolytlösungen sind sauer. Um ihren pH zu heben, wird (nicht in allen Angeboten) Azetat zugesetzt, das zu Bicarbonat umgewandelt wird. NaCl-Lösung 0,45 % + Glukose 5 % ist die beste Wahl, um bei hypertoner Dehydratation die Hypernatriämie und das Wasserdefizit zu korrigieren. Wegen des Glukosegehalts muss sie langsam eintropfen. Eine nur *leicht* hypertone Dehydratation kann mit isotoner NaCl-Lösung (0,9 %) behandelt werden. Oft dienen die mit „HE" (für Halb-Elektrolyt) oder „HG" (Halbelektrolyt + Glukose) betitelten Lösungen, acht Varianten sind erhältlich, nur dem Offenhalten der Nadel, aber selbst dafür gibt es Besseres: Heute soll man ausschließlich Vollelektrolytlösungen verwenden, z.B. Jonosteril[R], das *exakt* dem Serumionogramm folgt und wegen seiner Azidität sinnvollerweise mit Azetat gepuffert ist. Diese Lösung kann man „im Schuss" infundieren. Chemisch gleicht sie fast der Ringerlösung. „Physiologische" **isotone Kochsalzlösung 0,9 %** enthält deutlich mehr Na^+ als Blut (140 mmol/l), nämlich 154 mmol/l, zu viel potentiell nephrotoxisches Chlor (154 statt 110 mmol/l!) und (bei 11 von 12 Angeboten) sonst nichts. Auch der pH ist zu tief („sauer"). Sie enthält kein Kalium, das ist ihr einziger Vorteil. Eine nur *moderate* Hyponatriämie kann eine Indikation für NaCl 0,9 % sein, *außer* bei inadäquater Sekretion von ADH: Hier verschlimmert sich die Hyponatriämie aus verworrenen Gründen. Daher muss man sich das „einfach so" behalten. Ein **SIADHS** sieht man im Krankenhaus oft, meist von Arzneimitteln ausgelöst. Führend sind Antiepileptika und Antidepressiva. Selbst Theophyllin und viele weitere Mittel kommen in Frage. Im Zweifel ist für *jedes* eingenommene Mittel nachzulesen.

Legt man auf Natrium wenig Wert, größeren aber auf Kalium, Phosphat und Magnesium, dann werden **Eindrittel-Elektrolytlösungen**, die allesamt 5 % Glukose enthalten, eingesetzt. Fünf Präparate stehen zur Wahl. Am ehesten kommen sie in Frage, um viel Kalium zuzuführen von peripher. Sie enthalten 25 mmol Kalium/l, das ist ein Drittel des Bedarfs. Bei Hyperkaliämie sind sie natürlich verboten. Auch Zweidrittelelektrolytlösungen sind erhältlich, sie haben mehr Natrium, aber etwas weniger (18 mmol/l) Kalium. Eine Differentialtherapie „1/3" oder „2/3" ist kaum mehr begründbar. **Vollelektrolytlösungen** enthalten die wichtigsten Elektrolyte in *annähernd* physiologischer Konzentration: Natrium von 139 bis 147, Chlorid von 103 bis 156 mmol/l; Kalium, Kalzium und Magnesium (tw.) sind normal konzentriert. Die meisten Präparate haben Azetat oder Laktat als Säurepuffer. 23 Varianten sind auf dem Markt, bei 15 beginnt die Bezeichnung mit „Ringer-", zu Ehren der britischen Physiologen Ringer und Locke, die vor mehr als 100 Jahren die **Ringerlösung** entwickelten. Laktat und Azetat werden in der Leber und den Nieren zu Bikarbonat metabolisiert, das gleicht die Säurelast des Infundierten aus. Eine *schwere* Azidose, gleich welcher Ursache, signalisiert das Unvermögen des Körpers, genug Bicarbonat herzustellen. Laktat- und azetathaltige Lösungen sind dann verboten. Zur Therapie der schweren Azidose wird meist **Natriumhydrogenkarbonat 8,4 %** eingesetzt, auch Natriumbikarbonat genannt. Die Indikation wird sehr streng gestellt, erst bei arteriellem pH < 7,2. Der scheinbar kleine Unterschied zur Norm (s.u.) bedeutet in Wahrheit eine erheblich *höhere* Säurekonzentration! Am ehesten ist während Reanimation oder bei diabetischer Ketoazidose an „NaBi" zu denken. Vergiftungen mit Salicylaten oder Barbituraten sind selten ein Anlass.

Vollelektrolytlösungen kann man nehmen, wenn der Kranke zu wenig trinkt. 1.500 ml „Ringer", noch besser: *exakt physiologische* **Elektrolytlösung** (z.B. Jonosteril[R]) ist geeignet zur Erstbehandlung von Blutverlusten. Den Übergang zur *Ernährung* markieren die **Vollelektrolytlösungen** („V") + **Glukose 5 %** („G"). Vier Präparate sind gelistet (Bsp.: Sterofundin VG[R]). Mit 2.500 ml/d ist der Wasserbedarf gedeckt wie auch der basale Glukoseverbrauch, der Bedarf an Elektrolyten aber nur teilweise. Diese Lücke kann geschlossen werden durch *mehr* Elektrolyte (B = Basis-Elektrolyte; Sterofundin BG[R]). Dieses minimale Regime genügt leicht Kranken etwa drei Tage.

Sind Elektrolyte und Spurenelemente nicht gut über nur *eine*, viele Substrate enthaltende Fertiglösung zuzuführen, dann werden sie einzeln als **Elektrolytkonzentrate** entweder ohne Verdünnung über Perfusor via ZVK gegeben oder in einer Trägerlösung, ebenfalls nur langsam infundiert; es genügt dann die *periphere* Vene. Am häufigsten wird Kalium, meist als **Kaliumchlorid**, gegeben. Wegen Extrasystolie und Vorhofflimmern, Darmatonie oder neuromuskulärer Schwäche ist Kalium < 3 mmol/l gefährlich. Der Nachholbedarf ist kaum abschätzbar, weil es überwiegend *intrazellulär* vorliegt. Bei *Erwachsenen*, nur von denen ist hier die Rede, kann er mehrere hundert mmol betragen! Die Regel lautet: **1 mmol K$^+$/kg hebt Kalium im Blut um ~ 1 mmol/l.** Periphervenös werden kaum über 60 mmol/*Tag* vertragen, denn Kalium reizt die Venen sehr. Es wird möglichst oral oder per Sonde zugeführt. Je nach Gewicht (also Blutvolumen) darf man **maximal 10 bis 20 mmol Kalium/Std. infundieren**, weil es ja nach intrazellulär gelangen muss, und das dauert. Eine Hyperkaliämie durch zu rasche Infusion endet im Herzstillstand! Wer gesunde Nieren hat, den kann man durch *orale* Kaliumgabe nicht gefährden. **Natriumchlorid** ist als Konzentrat von 5,85 bis 20 % erhältlich. Wird es zur rein symptomatischen Therapie einer schweren (< 125 mmol/l) Hyponatriämie hochdosiert infundiert, ist der Blutspiegel stündlich zu messen, weil ein zu rascher *Anstieg* gefährlich ist, es droht das osmotische Demyelinisierungssyndrom, konkret: ein schwerer Ponsinfarkt. Auch ein schneller Natrium-*Abfall* ist gefährlich. Natrium < 110 mmol/l heißt: Intensivstation! Phosphat i.v. wird als **Glycerophosphat**-Natrium gegeben zu Beginn einer Ernährung nach langem Hungern oder zur Behandlung des diabetischen Komas. 10 mmol/h Phosphat ist die normale Dosis, pro Tag werden selten mehr als 40 mmol gegeben. 10 % der schwer Kranken sind nur *intrazellulär* an Phosphat verarmt bei *normalem* Blutspiegel. Kalzium intravenös wird kaum gebraucht. Lange Krankheit ist oft von milder Hyper-, aber auch Hypokalzämie begleitet. Über Perfusor können tgl. mehrere Gramm **Kalziumglukonat** verabreicht werden. Mischlösungen mehrerer Elektrolyte plus zahlreiche **Spurenelemente** sind erhältlich. Sie werden unverdünnt infundiert. Üblicher sind *Konzentrate* (acht Varianten erhältlich), am besten in Glukoselösung gegeben.

Elektrolyt-Konzentrate sind in der Intensivmedizin gang und gäbe. Sie verlangen volle Konzentration des Personals!

Infusionen enthalten keine **Vitamine**, ausgenommen Lipidemulsionen, denen Vitamin E als Antioxidans zugesetzt wird. Unser Vorrat an Vitamin B12 kann jahrelang genügen, und Vitamin K stellt der Körper, normale Darmflora vorausgesetzt, zur Genüge selbst her. Wer jedoch nicht mehr an die Sonne kommt und um Milch und Eier einen Bogen schlägt, dem fehlt bald (wenn nicht ohnehin) Vit. D. Die **Indikation** zur Vitamingabe während reiner Infusionsernährung ist denkbar einfach, sie sind schon *ab dem dritten Tag* nötig. Zwar gibt es mehr als 100 Präparate – viele Kombinationsmittel, Tropfen und Kapseln etc. –, zur i.v.-Gabe aber nur wenige. *Multi*-Vitaminpräparate zur Infusion sind noch rarer. Hier ragt ein Lyophylisat (Cernevit[R]) heraus, weil es *alle* Vitamine außer Vitamin K (es destabilisiert das Gemisch) enthält. Das ist nicht tragisch, wenn auch Fettemulsionen gegeben werden, sie „schleppen" Vitamin K mit sich. Wird einer *Komplettlösung* nichts Zweites zugespritzt, kann man Cernevit[R] zufügen, ohne ihre *Stabilität* zu gefährden. Trotzdem ist es besser, sich vorher beim Hersteller zu vergewissern. Wünscht man die *getrennte Zufuhr* fett- (ADEK) und wasserlöslicher Vitamine, braucht man halt zwei Präparate, deren Name den Inhalt verrät, und muss sie der fetthaltigen oder wässrigen Nährlösung zuspritzen. Oft werden die Vitamine separat infundiert, ca. eine Stunde Einlaufzeit. Alle Mittel sind großzügig für den normalen Bedarf konfektioniert. Dennoch erhöhen viele Kliniker die Dosis für schwer Kranke. Bei Dialysepatienten dürfen aber die Vitamin-D-*Derivate* keinesfalls überdosiert werden. Alle Vitamine sind lichtgeschützt zu infundieren; das wird schon erreicht, wenn sie einer Fett- oder „All in one"-Lösung zugefügt werden. *Hochdosiert* wird behandelt mit Vitamin B1, B6, B12 und C. Um postoperativ den Vitamin-C-Spiegel zu halten, sind bis 3.000 mg/d nötig. Belege für einen *klinischen* Nutzen fehlen allerdings.

Etwa 1980 zeichnete sich bereits ab, dass nur Glukose und Xylit als infundierbare Kohlenhydrate bleiben würden. Damals wurde noch als Laevulose deklarierte Fruktose verwendet. Sie verschwand völlig, wie auch Sorbit, weil es unter Fruktose Todesfälle gab: Ursache war der Mangel an Fruktose-Diphosphatase oder Fruktose-Aldolase. Glukose plus Xylit schien ideal, weil Xylit insulinunabhängig in die Leber aufgenommen wird. Allerdings wird es zuletzt doch in Glukose umgewandelt und als solche wieder in das Blut abgegeben. Robuste Daten zugunsten Xylits blieben letztlich aus. Auch unter Xylit kamen Todesfälle (wegen Nieren-Oxalose) vor. Die Befürworter von „Nur Glukose!" sind heute weit in der Überzahl: Xylit wird aussterben.

Fast alle Kohlenhydratinfusionen enthalten ausschließlich Glukose, die *chemisch* als Glukose-*Monohydrat* vorliegt, also in Wasser gelöst. Das verwirrt, weil beides auf dem Etikett angegeben ist. Zur **Kalorienberechnung** schaut man auf die Prozente: 1.000 ml Glukose 5 % enthalten 50 g Glukose (205 kcal), und 500 ml Glukose 24 % = 492 kcal. Vielen Lösungen sind Elektrolyte so zugefügt, dass 1.000 ml den Grundbedarf an Kalium und Phosphat beinhalten. Das leuchtet ein. Fixkombinationen mit Aminosäuren oder Beutel mit Aminosäuren plus Fetten ergänzen die Palette. Glukose gibt es in Abstufungen von 5 % bis 70 %. Je weniger Wasser der Patient haben darf, desto höher wird die Konzentration gewählt. Von peripher ist Glukose bis 10 % erträglich, sonst ist ein ZVK erforderlich, ausgenommen den Notfall mit anhaltender Hypoglykämie. Die **Osmolarität** hochprozentiger Lösungen ist bis zehnfach höher als normal, daher dürfen sie nicht von peripher einfließen. – Wer nicht genug isst und eine Infusion braucht, sollte mit ihr wenigstens den **Glukosemindestbedarf von 2 g/kg** täglich erhalten. Das genügt, um den Umbau von Aminosäuren in Glukose zu unterdrücken. Sind mehr *Kohlenhydrat*-Kalorien angezeigt, wird die Zufuhr langsam erhöht. Mehr als 5 g/kg Glukose sind nicht zu verstoffwechseln. In der außerklinischen Ernährung geht man nicht über 4 g/kg pro Tag hinaus. Ist die **Glukoseverwertung** wegen Diabetes, Steroidtherapie oder im PAS schlecht, wird häufig (mehr) Insulin erforderlich. Angestrebt werden wegen ggf. unbemerkter Unterzuckerung 160 mg/dl und nicht nahe-normale Blutzuckerwerte.

Steigt der Blutzucker, muss der **Insulinbedarf** genau verfolgt werden: Wie viel Insulin ist nötig, um die gewollte Glukosezufuhr zu erreichen? Spätestens bei *vier* (bisherige Nichtdiabetiker) bzw. maximal *sechs* Einheiten/Stunde ist Schluss. Das sind immerhin 100 bis 150 I.E. Insulin am Tag; ab 2 I.E./kg KG ist eine Resistenz anzunehmen. Zwar ließe sich mit noch mehr Insulin die Glukose aus der Blutbahn „vertreiben", aber sie wird dann in der Leber nicht mehr oxidiert, sondern anaerob zu Fett umgebaut, und dieses Fett wird in die Leber eingelagert. Steigende Leberwerte signalisieren die womöglich monatelang anhaltende **cholestatische Hepatitis** wegen überhöhter Glukosezufuhr. Auch bei respiratorischer Insuffizienz gefährdet zu viel Glukose den Kranken durch Mehranfall von CO_2. War der Patient, mit oder ohne Insulinbedarf, viel i.v.-Glukose gewohnt, muss er langsam von ihr entwöhnt werden, sonst droht eine schwere Hypoglykämie. Die körpereigene Insulinmehrproduktion hält nämlich noch etwas an. Verwertbar sind **intravenös maximal 250 mg Glukose/kg pro Stunde.** 1.000 ml 5-%-Glukoselösung müssen also mindestens drei Stunden eintropfen! Zum *raschen* Flüssigkeitsersatz taugt *keine* Glukoselösung. Wird Glukose zur Ernährung infundiert, geschieht das über 24 Stunden per Infusomat. Am Anfang muss man stündlich Blutzucker messen. Die energetische Verwertung der Glukose verzehrt **Phosphat** und **Kalium**, beides wird anfangs täglich kontrolliert und häufig substituiert. „Insulin + Glukose" senkt zu hohes Kalium, indem Glukose Kalium mit sich nach intrazellulär zieht; *Kalzium* i.v. (s.o.) ist schneller, wirkt aber nur kurz.

Als Indikation für eine **Xylit-Infusion** nennen die Hersteller: hypokalorische Ernährung, Proteineinsparung und Gebrauch als Trägerlösung. All das ist auch mit Glukose 5 % zu haben. Die maximale Tagesdosis Xylit beträgt 3 g/kg. Nierenkranke sollen es nie erhalten.

75 Präparate sind erhältlich, aber nur zwei *für Kinder* mit ihrem je nach Alter ja sehr variablen Bedarf. Jedes kommerzielle Gemisch enthält Phenylalanin. Da in Deutschland jedes Jahr etwa 100 Neugeborene mit Phenylketonurie, erkannt durch den obligaten „Guthrie"-Test (oder Direktmessung), zur Welt kommen, wird ihre ggf. i.v.-Ernährung zur Herausforderung für die Klinikapotheke. Keine *für Erwachsene* konfektionierte Lösung erfüllt alle stoffwechseltheoretischen Ansprüche. Das gilt auch für *die* Aminosäure im PAS, Glutamin. Schon in wässriger Lösung ist es nicht stabil zu halten, und in „*All*"-in-one-Gemischen erst recht nicht. Einige Präparate sind fast identisch, obwohl von verschiedenen Firmen. Aminosäuren sind von 2,5 bis 15 % erhältlich. Die Lösung zu 15 % spart Flüssigkeit. Besondere Angebote gibt es zum Einsatz bei Niereninsuffizienz und bei hepatischer Enzephalopathie. Aminosäuren kann man *pur* kaufen, mit Elektrolytzusatz, vermischt mit Glukose (bei zwei Präparaten Xylit) in variablen Anteilen oder, alles getrennt verpackt, im Beutel mit zwei bzw. drei Kammern. Aminosäuren müssen immer mit Glukose oder/und Fett infundiert werden als „Energielieferant" für ihre Verstoffwechslung. Die Beutel erhält man mit oder ohne Elektrolyte, die Dreierkombination gibt es für periphere oder zentrale Zufuhr. Glutaminsubstitution erfolgt mit dem Dipeptid Alanyl-Glutamin. Ansonsten liegen i.v.-Aminosäuren immer als Monomere vor. Mit nur zehn Präparaten sind alle Patienten versorgbar, außer in der Pädiatrie.

Aminosäurelösungen gibt es erst seit 1950. Erst nach vielen Versuchen gelangen stabile Mischungen auch mit Glukose und Fett. Das Mengenverhältnis der Aminosäuren ist je nach Hersteller sehr variabel, obwohl diese Mischungen gemäß der Gebrauchsinformation für gleiche Indikationen zugelassen sind. Das liegt an dem nur schwer festzulegenden Bedarf, der bei Kindern einiges anders ist als bei Erwachsenen und bei Gesunden verschieden ist von schwer Kranken mit Sepsis etc. Hinter den Mischungen stecken drei „Denk-Muster": **Utilisationsadaptierte Lösungen** richten sich nach einem konstanten Serumaminogramm unter Infusion. So wird aber nur die Clearance (Verschwinde-Rate) der Aminosäuren gemessen, was danach aus ihnen wird, ist nicht festzustellen. **Bedarfsadaptierte Lösungen** folgen dem *an Gesunden* ermittelten Bedarf nur der *essentiellen* Aminosäuren. Das **Kartoffel-Ei-Muster** ist plausibel wegen seiner hohen biologischen Wertigkeit. Allerdings: Alle Lösungen weichen bei den *nicht essentiellen* Aminosäuren von ihrem Denkmuster ab, immer wegen der sonst nicht garantierten physikochemischen Stabilität. Viele Studien zum Bedarf und richtigen Muster erfolgten nur an Gesunden und meist über nur wenige Tage. Dennoch „funktionieren" alle Varianten. Vor Jahren wurden einmal zwei eigens für Schwerverletzte konzipierte Zubereitungen verglichen. Sie stellten sich als gleich gut heraus, obwohl sie ein fast konträres Aminosäuremuster aufwiesen! Der Stoffwechsel ist offenkundig auch bei schwerer Krankheit noch anpassungsfähig. **Albumin i.v.** ist nur noch begründet nach Ablassen großer Mengen Aszites oder wegen durch andere Mittel nicht mehr zu normalisierenden, niedrigen Plasma-onkotischen Drucks. Im „Capillary leak"-Syndrom gelangt Albumin nach extravasal und bindet dort, vor allem in der Lunge sehr unerwünscht, Wasser, so dass *trotz Hypalbuminämie kein Eiweiß* infundiert wird oder nur nach reiflicher Überlegung, um halbwegs den onkotischen Druck zu halten.

Bevor Aminosäuren gegeben werden, sollte man fünf Fragen klären: (1) Müssen sie wirklich sein? (2) Genügt die Gabe von peripher oder sind konzentrierte Lösungen nötig? (3) Sollen sie separat oder gemischt mit Glukose bzw. Glukose plus Fett („All in one") infundiert werden? (4) Ist wegen fortgeschrittener Leber- oder Niereninsuffizienz eine spezielle Mischung nötig oder (5) dürfen *Fertiglösungen* prinzipiell nicht gegeben werden wegen Stoffwechselanomalie? Der Gesunde kommt lange ohne Aminosäurenzufuhr aus, aber er verzehrt dann seine Muskelproteine. Sind nur zwei, drei Nüchterntage zu erwarten, überbrückt man sie mit Vollelektrolytlösung + 5 % Glukose (z.B. Sterofundin VG[R]) oder erhöht elektrolythaltiger, den Tagesbedarf deckender Basislösung (z.B. Sterofundin BG[R]). Wird der Kranke nach mittlerem Eingriff wie einer offenen Cholezystektomie etwa eine Woche nicht genug essen, kann bei guten Venen eine Mischung von 3,5 % Aminosäuren mit Glukose 5 % (selten: Xylit) plus Elektrolytzusatz genommen werden. 2.500 bis 3.000 ml sind nötig, dann ist der Kranke einigermaßen ernährt, und er wurde nicht dem Risiko ZVK ausgesetzt. Diese Lösungen sind auch recht preiswert. Um ihre Osmolarität zu mindern, werden *nicht* essentielle Aminosäuren bewusst niedrig dosiert oder ganz weggelassen. Da mittlere Eingriffe keine Glutaminzulage erfordern, genügt die Vorstufe Glutaminsäure in der Lösung. „AS + KH" ist kalorisch mit Fett aufzuwerten, separat oder als peripherer „All in one"-Beutel, der ist gut, aber teuer (resp. vice versa). Ist totale parenterale Ernährung nötig, werden Aminosäurelösungen zu 10 % oder 15 % über ZVK nötig, das ermöglicht mit 1.000 ml Zufuhr 150 g, also fast 2 g/kg.

Der **Aminosäurebedarf** Erwachsener ist gut 1 g/kg; hoher Eiweißverlust (Verbrennungen u.a.) erfordert bis 2 g/kg. Viele Lösungen sind auch als 500-ml-Flasche erhältlich, das erspart manches Verwerfen. Sind Abweichungen vom errechneten Bedarf hinnehmbar, kommen als erste Wahl Komplettmischungen in Frage. Immer muss der Infusomat verwendet werden, immer „rund um die Uhr". Die **Metabolisierungskapazität** für i.v.-Aminosäuren ist auf **100 mg/kg pro Stunde** begrenzt. Andernfalls treten Nebenwirkungen wegen „Overflow" auf, die aber diffus sind und allenfalls durch ein Pauschales „Irgendwie ist der Patient schlechter geworden!" auffallen. Bei angeborenen Störungen muss eine professionelle Apotheke maßgeschneiderte Aminosäurelösungen herstellen, „Compound nutrition" geheißen. Viele Angebote enthalten fast 50 % *essentielle* Aminosäuren, deutlich mehr als im Ernährungsalltag. Damit sie nicht zu Glukose werden, muss man synchron „Energie" (Glukose; Lipide) infundieren. Eine Albumininfusion taugt nicht zur Eiweißzufuhr, weil es nur langsam in seine Aminosäuren gespalten wird; es ist ohnehin aus der Medizin weitgehend verschwunden.

Während täglich vor zu hohem Fettverzehr gewarnt wird, musste für die Infusion von Fetten lange Zeit regelrecht geworben werden. Die ursprünglich aus Baumwollsamen gewonnenen, längst ausgemusterten Lipide waren nicht gut verträglich, weshalb viele Anwender denn auch die modernen **Zubereitungen aus Oliven-, Soja-, Kokos- oder Fischöl** scheuten. Sie haben aber kaum Nebenwirkungen, nur bei Überdosierung oder nicht beachteter Kontraindikation wären sie zu fürchten. Dennoch wird jenseits der Intensivstation noch zu wenig an die Fettinfusion gedacht. **Nicht die Grundkrankheit entscheidet über „ja" oder „nein" zur Fettinfusion, sondern nur der Triglyzeridspiegel!**

Die Leber stellt alles benötigte Cholesterin selbst her, es muss auch bei langer künstlicher Ernährung nicht zugeführt werden. Nur die Triglyzeride sind nötig, v.a. als *essentielle* Fettsäuren. Intravenöse Lipide haben viele **Vorteile**: In nur kleinem Volumen lassen sich auch von peripher viele Kalorien zuführen, die nicht (wie Glukose) zu CO_2 verstoffwechselt werden, das nützt Lungenkranken. *Fettlösliche* Vitamine können zugespritzt und langsam mitinfundiert werden. Fette stören die Dialyse nicht (nicht alle sehen das so) und sind selbst nicht dialysabel; sie könnten bei der Dialyse „mitlaufen". – Wie für Vitamine ist auch die Indikation zur Lipid-Infusion einfach: Nach *einer* fettfreien Woche ist der Vorrat an *essentiellen* Fettsäuren schon verbraucht, dann ist *mindestens drei Mal/Woche* eine Substitution nötig. Man sollte jedoch ihrer Vorteile wegen Lipide möglichst täglich infundieren. Läuft eine Fettemulsion versehentlich paravenös, passiert garnichts: Fett verhält sich im Interstitium völlig inert; Glukose und Aminosäuren dagegen können eine schwere „chemische" Phlegmone verursachen. Nur als Gemisch mit einem **Emulgator**, heute ausschließlich Ei-Lecithin, sind Fette in wässriger Lösung stabil.

Infundierbare langkettige Triglyzeride (LCT) stammen aus Soja- oder Olivenöl, *mehrfach ungesättigte* Fettsäuren meist aus Olivenöl allein. Viele Lipidemulsionen beziehen ihr Fett nur aus Sojabohnenöl, andere halten den Anteil von Olivenöl („mediterran") hoch. Kokosöl liefert MCT, und aus Fischöl werden n-3-Fettsäuren angereichert. Diese sind in zwei Präparaten in besonders reichlichem Maß enthalten. Fettlösungen zu 20 % sollen bevorzugt werden, weil sie relativ wenig des „eher unerwünschten" Emulgators enthalten. Fettemulsionen haben eine derart *niedrige* **Osmolarität**, dass Glyzerol zugesetzt werden muss zur Wahrung der Isotonie. Medikamente oder Elektrolyte dürfen *niemals* einer Fettemulsion zugespritzt werden, nur die fettlöslichen Vitamine bzw. das Spezialpräparat Cernevit[R]. Die wenigen weiteren Ausnahmen vergisst man besser. 13 Fettlösungen sind erhältlich. Die vier Zubereitungen zu 10 % soll man wegen des hohen Emulgatoranteils meiden. Von den zwei mit mehrfach ungesättigten Fettsäuren angereicherten Lösungen und den vier Zubereitungen mit hälftigem LCT-/MCT-Anteil würde *eine* genügen. Zuletzt muss man sich für *eine* Emulsion zu 20 % entscheiden. Pragmatisch wähle man Flaschen zu 350 und 500 ml: Ihre 70 bzw. 100 g Fett kommen dem normalen Tagesbedarf Erwachsener am nächsten. Trotz viel Theorie ist ein klinischer Nutzen der mit n-3-Fettsäuren angereicherten Präparate nicht belegt, für MCT-Fette ist er nur gering. In der Intensivmedizin wird gelegentlich zu diesen speziellen Lipidemulsionen gegriffen, anderswo genügt *eine* einzige, nämlich eine **LCT-Standardlösung.**

Linolen- (Abk.: ALA), Eicosapentaen- (EPA) und Docosahexaen-Säure (DHA) sind **herausragende Fettsäuren**: mehrfach ungesättigt, also essentiell. Sie sollen 1 % der Kalorien/d ausmachen, das entspricht einem bis maximal zwei Gramm. Sie sind reichlich in Walnüssen und Matjes enthalten. In der Summe ihrer biologischen Effekte gelten diese drei *n-3-Fettsäuren* als vasoprotektiv und entzündungshemmend. Die ebenfalls essentiellen *n-6-Fettsäuren* sollen nicht > 2,5 % der Kalorien ausmachen, das sind etwa 7 bis 10 g/d. Denn *überschüssige n-6-Fettsäuren* werden über **Arachidonsäure** zu Thromboxanen und Leukotrienen verstoffwechselt, und diese Substanzen *befeuern* Entzündungsprozesse. Inflammatorische Abläufe zu drosseln ist aber ein wesentliches Ziel jeder Therapie. So lag der Gedanke nah, hier auch mit *Ernährungs*-Substraten einzugreifen: Die **Pharmakonutrition** wurde geboren. Daran wäre nichts auszusetzen, wenn die Substanzen, denen ein pharmakologischer Effekt nachgesagt wird, auch wie ein Pharmakon nach dem Arzneimittelgesetz zugelassen würden. Das ist nicht der Fall: Diese Substrate sind offenkundig „banale" Lebensmittel, weil sie dem Lebensmittelrecht zugeordnet blieben. Dessen Paragrafen stellen deutlich weniger Anforderungen an Behauptungen.

Kontraindikationen der Fettemulsionen sind (1) Hypoxie, Azidose, Schock, (2) Nüchtern-Triglyzeride > 350 mg/dl, (3) Verbrauchskoagulopathie und (4) Thrombozyten < 50.000/µl. Bei akutem Leberversagen wird man zögern. Wer gegen Hühnereiweiß allergisch ist, ist es auch gegen den Eilecithin-Emulgator. Dann müssen *intravenöse* Fette entfallen! Eine Pankreatitis ist keine Kontraindikation per se. Nach jeglichem schweren Akutereignis wird frühestens nach drei Tagen guten Verlaufs mit dem **Fettaufbau** begonnen, zuerst nur 0,5 g/kg täglich. Während der ersten Viertelstunde soll man bei dem Patienten bleiben, da selten eine allergische Reaktion auftritt, zum einen wegen des Ei-Lecithins, zum anderen wegen ggf. Erdnussallergie. Erdnuss- und Sojaprotein sind Kreuzallergene, und Lösungen mit Sojafett enthalten immer Verunreinigungen von Sojaprotein. Kopfweh und Frösteln sind unspezifische „Früh"-Reaktionen. – Enthält die bevorzugte Standardlösung 20 % Fett, wird man dem 75 kg schweren Normpatienten am ersten Tag nur 175 ml infundieren, 35 g Fett und somit etwa 0,5 g/kg beinhaltend. Die **Triglyzeridclearance** ist auf max. **100 mg/kg Fett pro Stunde** begrenzt! Bei obigem Beispiel wären 5 Stunden nötig gewesen; besser sind mindestens 12 Stunden. Der normale Tagesbedarf beträgt 1 g Fett/kg, gelegentlich 1,5 g/kg, so dass meist ein Fläschchen zu 350 oder 500 ml mit 20 % Fett gebraucht wird, das man über Infusomat mit max. 30 bzw. 40 ml/h laufen lässt. Nach 12 Stunden ist es leer. *Während der Infusion* dürfen die Serumtriglyzeride nicht den dreifachen Nüchternwert übersteigen. Werden zu *beliebiger* Zeit 1.000 mg/dl überschritten, wird die Zufuhr in jedem Fall gestoppt, sonst doht die **fettinduzierte Pankreatitis**! Spätestens 12 Stunden nach Ende der Infusion soll wieder der Nüchternwert erreicht sein. Also beginnt man die Fettgabe so zeitig, dass die Blutabnahme am Folgetag wirkliche Nüchternwerte ergibt. Wenn die Triglyzeride nach 12 Stunden Infusion inakzeptabel hoch sind, wird man über 18 oder besser gleich 24 Stunden infundieren. Das geschieht ja ohnehin, wenn Mixbeutel genommen werden. Fettemulsionen können auch Kindern gegeben werden, Studien über *MCT* fehlen aber. Fett soll und kann bis 50 % der Kalorien beisteuern, über 1,5 g/kg täglich wird man nicht hinausgehen.

Nebenwirkungen sind bei Beachten der Kontraindikationen und korrekter Berechnung von Dosis und Zufuhrtempo selten: Schwere Gerinnungsstörung, akutes Leberversagen oder eine Pankreatitis dürfen heute nicht mehr vorkommen. Fett soll nicht über zentrale Venenkatheter und nicht als einziger, zäh-langsamer Tropf via Port gegeben werden, weil das Okklusionsrisiko dieser wertvollen Zugänge hoch ist. Laufen Aminosäuren parallel mit Glukose oder Fett, ist ein patientennahes „Y"-Stück zu verwenden, damit keine *Ausfällungen* entstehen, die sonst in die Blutbahn gelangen! Meistens liegt aber ein Mehrlumenkatheter, so dass jeder Nährstoff „seinen" Kanal hat. Der Infusomat, mindestens aber ein zuverlässiges Tropfen-Zählsystem, ist zwingend. Die weit einfachere, bevorzugte Wahl ist eine *Komplettlösung*, bei der es keine Ausfällungen gibt: Der Hersteller hat das Problem ja schon gelöst! Mit 350 ml LCT 20 % hat man 650 kcal zugeführt. Zusammen mit 2.000 ml Fertigmischung aus 3,5 % Aminosäuren und 5 % Glukose ergibt das 1.150 kcal, mit denen man für etwa 7 Tage leicht bis mittelschwer Kranke zwar nur unterkalorisch, aber mit dem Nötigsten versorgt hat, *ohne* Venenkatheter. Mit 2.000 ml einer peripher-venösen All-in-one-Lösung erreicht man 1.400 kcal, und das mit weniger Aufwand und sogar weniger Venenreizung.

Wem viele Infusionsflaschen lästig sind oder zu viele Infusomaten abverlangen, der nimmt den **Drei-Kammer-Beutel**, in dem Glukose, Fette und Aminosäuren säuberlich voneinander getrennt geliefert werden in einem alles umschließenden zweiten Beutel. Die Nährlösungs-Kammern werden einfach durch Druck von außen eröffnet. Die trennenden Nähte reißen an einer Sollstelle, dann wird alles gründlich vermischt. Elektrolyte und Vitamine werden als Konzentratampulle genau nach Angabe zugespritzt; vom Hersteller eine Kompatibilitätsbestätigung zu erbitten, ist im Zweifel das Beste. Beim Zuspritzen ist auf peinliche Sterilität zu achten, die Hersteller verlangen sogar „laminar air flow", um sich juristisch abzusichern. Da nur Großkliniken so etwas haben, muss sich andernorts ein hygienisch gewissenhafter Mitarbeiter in ein bestens gereinigtes, auf allen Flächen desinfiziertes und luftzugfreies Kabinett zurückziehen, von einem Famulus assistiert. Am besten beginnt die Infusion der mit allen Zutaten versehenen Lösung sofort danach; Reste *müssen* nach 24 Stunden verworfen werden, also beschriftet man den Beutel. Erhältlich sind drei Präparate zur peripheren und zehn zur zentralvenösen Gabe. Niedrig konzentrierte Lösungen enthalten 600 bis 700 kcal/l, die übrigen 1.000 bis 1.200 kcal/l. Man beginnt mit nur *einem* Beutel niedrig konzentrierter Lösung (über 24 Std.), auf Dauer werden 2.000 ml/Tag infundiert. So erreicht man mit *peripheren* Lösungen fast den Kalorien-Ruhebedarf! Ihre **Osmolarität** liegt bei 850 mosm/l. Sie sind nicht so sauer (pH ~ 6,5) wie reine Glukoselösungen. Mit Venenreizung ist zu rechnen. Aber: Jede periphere AIO-Lösung ist besser venenverträglich als ein Gemisch nur aus Glukose plus Aminosäuren, denn Fette *senken* die Osmolarität der Komplettlösung. Lipide wirken zudem wie eine „innere Crème". Ein großer Vorteil ist die Minderung *manueller* Manipulationen am Venenkatheter: **Das Risiko einer Kathetersepsis wird durch AIO-Beutel** *halbiert!* Diesen Satz müssen Sie auswendig lernen! Denn eine Sepsis, warum auch immer entstanden, endet zu 40 % tödlich. Komplettlösungen sind zur Langzeiternährung nach Klinikentlassung bestens geeignet.

Totale parenterale Ernährung – wie kommt man dahin? 33

Trotz weit gespannter Theorie kann auch ein Anfänger recht schnell mit der Infusions-therapie vertraut werden. Mit wenigen Hausmitteln kann er auf einer Normalstation seine Kranken intravenös ernähren. Schwieriger wird es, wenn er das komplexe Regime einer Intensivstation übernehmen soll. Anfänger sollten einmal in Ruhe die Fachinfor-mationen zu den 20 wichtigsten Substraten studieren – „das bringt's"!

Der leicht Kranke, der bald wieder isst, erhält als **relative Nulldiät** für maximal drei Tage 35 ml/kg Basiselektrolytlösung + Glukose 5 % (z.B. Sterofundin BG 5R) über eine periphere Kanüle. Der Normmensch er-hält 2.500 ml, das sind 105 ml/*Stunde*, die (20 Trpf. = 1 ml) mit 35 Trop-fen/*Minute* einlaufen. Hierzu nimmt man ein Infusionsbesteck mit an einem „Drehrädchen" einstellbarer Tropfenzahl. Generell ist aber der Infusomat besser. Blutzucker messen ist ratsam. Damit deckt man den Grundbedarf an Wasser, Elektrolyten und Glukose. Ist aber nach zwei, drei Tagen absehbar, dass der Kranke nicht genug isst, stellt man um. Nach alter Sitte käme nun die **hypokalorische Infusionsernährung** zum Zug mit 2.500 ml einer Mischung von 3,5 % Aminosäuren mit 5 % Glukose. Da der Aminosäuregehalt von gut 85 g schon voll dem Bedarf entspricht, ist der Infusomat (105 ml/Std.) nötig, um keinen Amino-säuren-Overflow zu riskieren. Spätestens ab dem achten Tag wäre Fett zu ergänzen. Dieses alte, aber preiswerte Programm beinhaltete 1.200 kcal und auch essentielle Fettsäuren. *Aber:* Sobald Fette gebraucht wer-den, geht man den „neuen" Weg. Denn nach höchstens einer Woche (lieber ab „Tag 4") peripherer Teilernährung ohne Fett macht man es sich und dem Kranken leichter und wechselt auf eine *niederkalorische* **All-in-one-Lösung**: 50 ml/h am Tag 1, am Tag 2 dann 75 ml/h oder, je nach Verträglichkeit, 105 ml/h werden rund um die Uhr infundiert. Wer das alte Vorgehen noch kannte, wird die Komplettlösungen loben. Gemäßigt hypokalorische Ernährung kann man bei mittelschwer Kran-ken eine Woche durchhalten, bei nur leicht Kranken länger. Diese Art Ernährung umgeht die Risiken des ZVK. Umgekehrt ist je nach Rat des Bauchchirurgen, der frische Anastomosen nicht oraler Kost aussetzen möchte, ein Kranker womöglich viele Tage auf hochkalorische Ernäh-rung angewiesen. Dann wird doch ein ZVK nötig, er wird vor großen Eingriffen ja routinemäßig gelegt und ermöglicht die ZVD-Messung.

Als i.v.-Ernährung im Stress-Stoffwechsel verträgt der Kranke die ersten ein bis zwei Tage nur Vollelektrolytlösung/Glukose 5 %. Es folgt für zwei, drei Tage die hypokalorische und erst ab Tag sechs, je nachdem, die totale parenterale Ernährung. Zuerst ist der Wasserbedarf zu kalkulieren. Ist er hoch, wählt man niedrig konzentrierte Nährlösungen, sonst umgekehrt. Mischungen mit Elektrolyten sind sinnvoll, dennoch sind oft Elektrolytkonzentrate nötig. Mit 2.500 ml hypokalorischer Ernährung erhielt der Kranke zuvor schon ca. 2 g/kg Glukose; das wird langsam bis 4 (selten bis 5) g/kg gesteigert, die sind enthalten in 1.000 ml Glukose 30 % oder 40 %. Mit Aminosäuren war der Patient bereits voll versorgt (70 bis 85 g/Tag; 1 g/kg), so dass nahtlos 1.000 ml Aminosäurelösung 10 % gegeben werden können. Bei Mehrbedarf gibt man 1.250 ml der 10-%-Lösung, selten auch 1.000 ml Aminosäure 15 %. Damit ist das Tagesmaximum von 1,5 g/kg Aminosäuren für Erwachsene erreicht. Glukose und Aminosäuren werden kontinuierlich über 24 Stunden gegeben. Die Details zum „Aufbau" der i.v.-Lipide sind oben dargelegt. Vitamine müssen ab Tag drei infundiert werden. Je schwerer die Krankheit, desto besser ist es, den Bedarf individuell zu kalkulieren und z.B. „35 ml/Std. Aminosäurelösung 10 %" zu verschreiben, das sind 84 g/d. Mit Glukose verfährt man ebenso. Genügt die Wassermenge nicht, wird Vollelektrolytlösung ergänzt. Spurenelemente werden am besten ganz früh eingesetzt. Statt dieses Viele-Flaschen-Programms werden weit häufiger hochkalorische Komplettlösungen zentralvenös infundiert. Wären nicht der nachstationär enorme Preis und die etwas pauschalisierte Zufuhr, hätte sich „All in one" auf ganzer Front durchgesetzt.

Jedes Infusionsprogramm ist von einer summarischen klinischen Einschätzung des Patienten abzuleiten! Ist er leicht, mittelschwer oder schwer krank? Ist er hypoxisch oder katecholaminbedürftig? Wie geht es Lunge, Nieren, Leber? – Die Theorie der Infusionsernährung muss der Anfänger zuerst in Büchern lesen, dann aber muss ihm die Praxis von einem belesenen und auch erfahrenen Pragmatiker am Krankenbett beigebracht werden.

Immunonutrition: eine Fiktion?

Viele Substrate, die Teil der Ernährung sind, haben „Effekte" z.B. auf Lymphozyten. Ob das klinisch nützt, lässt sich daraus natürlich nicht herleiten. Hier helfen nur aussagekräftige Studien weiter. Die aber fehlen für die meisten Substrate, die unter der (auch ökonomisch reizvollen) Flagge der Immunonutrition segeln. Ein Einfluss auf immunologische Vorgänge ist bekannt von den Aminosäuren Arginin und Glutamin, von den Vitaminen C und E, von Selen, Zink, einigen Nukleotiden als Vorläufern der DNA/RNA sowie von den mehrfach ungesättigten Fettsäuren. Im Zentrum stehen Glutamin und die n-3-Fettsäuren, abgeschlagen sind die Nukleotide und Vitamin C.

Glutamin wurde in den letzten Jahren intensiv beforscht. Die Leitlinie der Europäischen Gesellschaft für parenterale und enterale Ernährung (ESPEN; 2009) rät, *rein parenteral* ernährten intensivmedizinisch Kranken (Verbrennung; Polytrauma) täglich 0,2 bis 0,4 g/kg Glutamin *zusätzlich* zur übrigen Ernährung zu geben (Empfehlungsstärke: A). Diese Patienten setzen in den ersten Tagen nach Krankheitsbeginn massiv Glutamin aus der Muskulatur frei. Trotzdem bleibt der Blut-Glutaminspiegel niedrig. Es liegt also ein enormer Verbrauch oder eine ungenügende Produktion oder beides vor. Da Glutamin in wässriger Lösung nicht stabil zu halten ist, ist es in *keiner* Infusion enthalten, auch nicht in den „All"-in-one-Mischungen! Allenfalls seine *Vorstufe Glutaminsäure* wird in geringer Menge zugefügt (z.B. in Nutriflex lipid[R]), was aber bei weitem nicht dem enormen Bedarf von ca. 15 g/d Glutamin gerecht wird. Endogen können täglich maximal 10 g synthetisiert werden. Insofern erscheint die Substitution mit dem Dipeptid **Alanyl-Glutamin** (Dipeptamin[R]; Dipeptiven[R]) plausibel. Folgen Sie genau der Herstellerempfehlung: Höchstens fünf Tage lang werden maximal 125 ml/Tag infundiert, das Dipeptid darf nicht mehr als 30 % der gesamten Aminosäurezufuhr ausmachen. Soweit die Theorie. Im Urteil neuerer Leitlinien und Literatur (z.B. Rümelin, 2013) kommt die „A"-Empfehlung der ESPEN allerdings unter die Räder: Eine klinische Wirksamkeit der Glutaminzulage sei durch die bisherigen Studien *nicht gesichert*; Dosis und Dauer der Anwendung seien unklar.

Grund für diese Kehrtwende war der Auftrag des Steering Committee der 2013 publizierten „S3-Leitlinie Klinische Ernährung" an das Ärztliche Zentrum für Qualität in der Medizin (ÄZQ), alle *Metaanalysen* zu den zwar vielen, aber meist kleinen Glutaminstudien zu prüfen. Das Ergebnis dieser **„Meta-Meta-Analyse"** belehrt uns biomathematisch meist ahnungslosen Kliniker wieder einmal schmerzlich, wie zurückhaltend die *Zahlen* einer Studie zu deuten sind, und seien sie noch so „signifikant". Denn das ÄZQ (Nothacker, 2012) kam zur Ansicht, die den Metaanalysen zugrunde liegenden Studien seien nur von mäßiger Qualität: Geringe Fallzahlen, hohe Heterogenität und Unklarheit, welches Substrat denn wohl welche Effekte ausgelöst habe – diese und weitere Umstände erlaubten nicht, Schlüsse bezüglich der richtigen Dauer und Dosis der verwendeten Agentien zu ziehen, und der (oft als einziger Parameter positiv errechnete) Endpunkt „Aufenthaltsdauer im Krankenhaus" eigne sich aufgrund der enormen Heterogenität nicht zur Auswertung in einer Metaanalyse. Eine „A"-Empfehlung zur Immunonutrition könne also nicht ausgesprochen werden.

Die „Leitlinie Ernährung in der Chirurgie" (2013) schlägt daher vor, Glutamin *nur bei mangelernährten* Kranken postoperativ zu ergänzen, wenn die *enterale* Ernährung nicht genügt. Gleiches gilt für die Zulage von **n-3-Fettsäuren**. *Aus Olivenöl* gewonnene Fette und die MCT generell werden als immunneutral eingestuft. Außerhalb der Intensivmedizin hat die Immunonutrition keine Indikation. Die **Nukleotide** in diesen Zubereitungen stehen tief im Schatten von Glutamin und n-3-Fettsäuren, Studien zu ihrem Effekt fehlen gänzlich. – Um den postoperativ drastisch fallenden Spiegel zu normalisieren, ist **Vitamin C** in über zehnfacher Normdosis (bis 3.000 mg/d) erforderlich. Ob sich das tatsächlich „klinisch" lohnt, weiß niemand.

Ein im Krankenhaus begonnenes Regime muss nicht selten von einem Hausarzt fortgesetzt werden. Damit das reibungslos geht, sollte der Klinikarzt ihm eine Woche vor Entlassung des Kranken das Ernährungs- oder Infusionsprogramm zukommen lassen. Telefonisch können dann die häufig doch verschiedenen Vorstellungen über das nachstationär Angemessene noch geklärt werden, und alles kann in Ruhe beschafft werden. Wer so vorgeht, wird sich viel Ärger sparen.

Wer nicht trinkt, aber unruhig ist und keinen Venenzugang toleriert, kann durch **subkutane Infusion** via Butterfly versorgt werden. Geeignet sind nur *isoosmolare* Zubereitungen: Halbelektrolytlösung + Glukose 5 % (z.b. Sterofundin HEG^R) oder glukosefreie Vollelektrolytlösung (z.b. Jonosteril^R); als letzte Wahl wäre NaCl 0,9 % anzugeben. Etwa 2.000 ml/Tag hält *eine* Infusionsstelle aus. Am besten ist der Bauch geeignet oder fettreiches Subkutangewebe an anderer Stelle, z.b. infraklavikulär oder periskapulär, wenn der Kranke auf die Seite gelagert werden kann. Bildet sich ein „Depot", wird es wegmassiert.

Heim-Enterale Ernährung (HEE) über Sonde geht weit über s.c.-Infusionen hinaus. Eine *nasale* Sonde oder FKJS bringt kaum jemand aus der Klinik mit nach daheim. Für diese wenigen Fälle muss der Klinikarzt zeitig telefonieren, denn Pflegeheime beharren auf einer PEG! Sie ist ja auch der langfristig beste Zugang. Die **Indikation** zur enteralen *Zusatzernährung* ist zu stellen, wenn etwa 500 kcal/Tag zu wenig gegessen werden. Verordnungsfähig sind nur mittel- oder hochkonzentrierte Substrate, einen (nicht mehr existenten) Mehrpreis für Ballaststoff-haltige erstattete früher die GKV mangels Nutzennachweis nicht. Auch die Zubereitungen für Diabetiker, Dekubitus oder Immunonutrition sind nicht zu Lasten der Kasse verordnungsfähig. Im Einzelfall kann der Arzt versuchen, sie durchzusetzen. Die **Standardverordnung** für HEE ist eine hochmolekulare Kost mit 1 bis 1,5 kcal/ml, also mittlerer Kaloriendichte, mit Ballaststoffen. Werden täglich 1.500 kcal zugeführt, ist auch der Bedarf an Elektrolyten, Vitaminen und Spurenelementen gedeckt. Die Kost soll über mindestens 16 Stunden einlaufen. Wird sie schlecht vertragen (Völlegefühl, Erbrechen, Durchfall), soll rund um die Uhr ernährt werden. Ob das mehr Reflux/Aspiration mit sich bringt, ist mangels Studien unbekannt. Auch mit 2.000 ml/d (max. 140 ml/h) Standardkost ist der **Wasserbedarf** nicht gedeckt; in Sondennahrung sind 70 bis 85 % Wasser enthalten, je nach Kaloriendichte. Also wird der Fehlbetrag, meist 500 bis 1.000 ml, nachts nachgefüllt oder tagsüber parallel zur Nahrung. Selbständige Patienten sollten die Ernährung im Bolus zumindest einmal *versucht* haben: Sie steht dem Normalen am nächsten und gibt Freiheit. Die **Pflege der PEG**, Eintrittsstelle desinfizieren (Polyhexanid), täglich mobiliseren und bei Nichtgebrauch mit 50 ml abgekochtem Wasser spülen, soll durch geübtes Personal nach einem „Standard" erfolgen. Verständigen Angehörigen kann man das aber auch beibringen; es ist ja nichts Schweres.

Die **Heim-Parenterale Ernährung** (HPE) ist dank der All-in-one-Beutel einfach. Diese Standardzubereitungen sind für mehr als 90 % der Kranken geeignet. Nur wenige brauchen eine individuell „komponierte" **Compound nutrition**, mit der rasch Tageskosten von 500 € erreicht sind! Hier muss sich der Hausarzt zuweilen wehren: nämlich gegen die Empfehlung von Außendienstlern der AIO-Hersteller, die den Kranken zu Hause (und auch gut!) weiter betreuen. Am ehesten kommen für diese aufwändige Form der Infusionsernährung Dialysepatienten, Kranke mit Kurzdarmsyndrom oder Kinder mit einer angeborenen Störung im Aminosäurestoffwechsel in Frage. Während die Krankenhäuser als Großverbraucher günstig einkaufen, kämpft der niedergelassene Arzt um jede Münze, um das Gebot **wirtschaftliche Verordnung** zu erfüllen. Viele kassenärztliche Vereinigungen helfen ihm dabei, damit 150 € Tageskosten nicht überschritten werden. *Zwei*-Kammerbeutel, denen vor Gebrauch noch eine *frei gewählte* Fettemulsion beigefüllt wird, sind am günstigsten (ca. 100 €/d). Unproblematische Kompatibilität der fast immer erforderlichen Additiva und einfachere Hygiene sprechen aber doch für die **Drei-Kammer-Lösungen**. Jede Zumischung von Elektrolyten, Spurenelementen oder Vitaminen und eben auch das Zufüllen einer Lipidlösung außerhalb der Sterilräume einer Apotheke ist juristisch „off label". Daher soll man sich hier auf das Nötigste begrenzen und nur hygienebewusstes Personal mit dieser Aufgabe betrauen, die nach einer Arbeitsanweisung zu erfolgen hat. Am besten sichert man mit den Produken nur *eines* Herstellers die Stabilität dieser komplexen Lösungen. Kein Medikament darf zugefügt werden, nur Normalinsulin, für das die Hersteller eine Höchstdosis vorgeben. Die **Glukosezufuhr** soll 4 g/kg tgl. nicht überschreiten, damit das Risiko der cholestatischen Hepatitis gering bleibt; sie ist erkennbar am Anstieg von aP, gGT und Bilirubin und kann sich oft monatelang hinziehen. Der **Aminosäurebedarf** liegt nur selten > 1 g/kg. Besonderes Augenmerk gilt der **Fettemulsion**, denn sie ist der teuerste Baustein, aber das erübrigt sich bei Komplettlösungen. N-3-Fettsäuren-angereicherte oder MCT-LCT-Mischungen oder Glutaminzulage kommen nicht in Betracht, weil sie bei chronischen, aber stabilen Kranken nutzlos sind. **Vitamine**, insbesondere Vitamin D, sollen „großzügig" dosiert werden. Hier hat die DGE ihre Empfehlung ja heraufgesetzt auf 20 µg/d Vitamin D3. Der *optimale* Spiegel soll > 30 ng/ml sein, der *normale* > 20 ng/ml, das gilt aber nur für behandlungspflichtige Knochenkrankheiten! Immer werden Elektrolytkonzentrate als Zusatz zur TPE gebraucht, man halte sich hier an die Vorbehandler. In den ersten acht Wochen artefizieller Ernährung, die der Kranke aber meistens stationär verbringt, ist wöchentlich ein großes **Laborprogramm** nötig, danach nur alle drei Monate. Eine schwere Osteoporose ist häufig unter künstlicher Ernährung, daher soll man alle ein bis zwei Jahre eine **Knochendichtemessung** veranlassen. Das kommt nur selten vor.

Auch wenn Angehörige oder sogar der Kranke selbst den vor allem hygienisch korrekten Umgang mit dem „**Heiligtum Venenzugang**" lernen können, so wird doch überwiegend der Abgesandte eines Ernährungsteams, der Außendienstler des Nährstoffherstellers oder der ambulante Pflegedienst regelmäßig ins Haus kommen müssen. – Komplettlösungen werden in verschiedenen Volumina angeboten. Man sollte eine Größe wählen, die nur *einmal* täglich die Vorbereitung des nächsten und somit den Beutelwechsel erfordert. Das halbiert das Risiko der katheterassoziierten Bakteriämie bzw. Sepsis. Überleitsystem und Reste müssen nach 24 Stunden verworfen werden. Je schlechter es um den Kranken steht, desto öfter steht der **Wechsel der Portnadel** an: Die Spanne reicht von 3 bis 7 Tagen. Wird ein Port nur intermittierend (Chemotherapie) gebraucht, kann die Nadel zwei Wochen verbleiben. Der Vorteil **getunnelter Katheter** ist die Einfachheit des Anschließens der Infusion, schmerzlos ist es auch. Zur Desinfektion der Eintrittsstelle getunnelter Katheter dürfen keine *alkoholischen* Mittel genommen werden, denn sie laugen das Material aus! Die **Komplikationen** der heimparenteralen Ernährung gehen selten von den Nährstoffen aus, sondern fast immer vom Zugang: Okklusion und Infektion eines Ports bzw. getunnelten Katheters sowie Verschluss, Einwachsen, Riss oder Bruch der PEG sind zu Recht gefürchtet.

Mindert eine Visite die Gefahren der TPE? 36

Vor Anordnung eines Mittels sind Kontraindikationen, Nebenwirkungen oder ggf. Dosisreduktion zu durchdenken. Banale Rechenfehler kommen vor, es beginnt schon bei der Infusomat-Förderrate. Zu entscheiden, ob ein Symptom durch die TPE oder eine anderere Ursache verursacht ist, fällt auch dem Versierten schwer.

Den **leicht Kranken** fragt man täglich nach seinen Beschwerden. Fehlen Luftnot, Ödeme, Durst, Erbrechen, Durchfall oder Verstopfung, ist der Appetit gut und das Gewicht stabil, dann ist der Arzt nach einem Blick auf die Verweilkanüle und das kleine Labor (Blutbild, Elektrolyte, Nieren- und Leberwerte, Glukose, CRP, evtl. Gesamteiweiß) zufrieden. Er überlegt, ob das Infusionsprogramm reduziert werden kann, wann wieder ein „Labor" fällig ist und visitiert den Kranken am nächsten Tag mit etwas gestrafftem Programm. **Mittelschwer Kranke** verdienen *zwei* ärztliche Visiten am Tag, alle zwei Stunden sehen die Schwestern nach ihnen, auch wenn sie nicht geklingelt haben. Das Programm ist das gleiche wie bei leicht Kranken. Lunge (Pleuraerguss?) und Darm werden abgehört, alle Zugänge incl. Blasenkatheter inspiziert. Auf Urinfarbe und -tagesvolumen ist zu achten. Der Blutdruck ist mehrfach täglich, die Temperatur zweimal zu messen, häufig sind Rhythmusmonitor und Pulsoxymetrie sinnvoll. Dann muss der Arzt seine Entscheidungen treffen: Wirkt der Kranke stabil oder doch eher schwer krank? Ist das Flüssigkeitsangebot in Ordnung? Wie hoch sind die Verluste durch Drainagen, Fieber oder Durchfall? Genügt die periphere Kanüle? Ist der Infusomat richtig eingestellt? Wie hoch ist der Kalorienbedarf? Sind Vitamine, Spurenelemente oder Fette zu geben? Welche Ursachen kommen für die Beschwerden des Patienten oder auffällige Laborwerte in Frage? Ist die Medikation so in Ordnung? Kann eine enterale Ernährung begonnen werden? Welche Laborwerte sind, vielleicht „routinemäßig", alle zwei Tage oder täglich, zu kontrollieren? Kann der Blasenkatheter weg? Da der Arzt viel zu tun hat, muss er diese Fragen in wenigen Minuten lösen. Ist er unsicher, muss er sich mehr Zeit lassen und Erfahrenere befragen.

Intensivmedizinisch Kranke muss der Arzt unverzüglich aufsuchen, wenn Monitore oder Pflegekräfte, die viele Stunden bei ihnen zubringen, Alarm schlagen. Zweimal täglich soll der Arzt eine *systematische* Untersuchung vornehmen. Leider kann er deliranten oder bewusstlosen Kranken keine Fragen stellen. Die Fülle der Monitoren, Perfusoren und Großgeräte ist beängstigend, sie darf aber zunächst nicht vom Patienten ablenken. Neben einer kursorischen neurologischen Prüfung (Pupillen? Reflexe? Paresen? Orientierung?) ist zu achten auf Halsvenenstau, Hautturgor und -farbe, Anasarka, periphere Ödeme, Darmgeräusche und Extremitätenpulse. Herz und Lunge sind zu auskultieren. Dann fällt der Blick auf die Schläuche in Arterie, Blase, Luftröhre, Magen, Venen und Wunden. Menge und Art ablaufender Sekrete sind zu erfassen. Natürlich verdienen auch die Geräte Aufmerksamkeit. Arteriell gemessener Blutdruck, EKG, Oxy- und Kapnometer und via Blasenkatheter gemessene Temperatur sind rasch überflogen. Die Einstellung der Perfusoren und Infusomaten sowie die Beschriftung der Behältnisse zu prüfen, dauert länger. Die Parameter des Beatmungsgeräts kontrolliert das Pflegepersonal häufig, v.a. den pCO_2. Die bioelektrische Impedanz-Analyse (BIA), die gut das Körperwasser erfasst, oder die indirekte Kalorimetrie sind **ernährungsspezifische Monitorverfahren**, die aber nur selten eingesetzt werden. Viele Laborwerte, teils mehrfach täglich erhoben, sind zu deuten. Jede Intensivstation hat ihr eigenes, meist aber sehr ähnliches Routineprogramm. Es gibt keine Grenzen bei Laborparametern. Dann muss der Arzt sich alle Fragen stellen wie bei mittelschwer Kranken, die Frage nach Immunonutrition, Glutaminergänzung oder hochdosiertem Vitamin C kommt hinzu. – Der Intensivmediziner kämpft an vielen Fronten: Schlechte Oxygenierung, katecholaminabhängiger Kreislauf, Fieber, Nierenversagen, Sepsis/SIRS und „Capillary leak" erschweren die Ernährung des Kranken, weil sie häufig nur schwer mit anderen Befunden zu vereinbaren ist. Dann helfen „vier große Fragen" weiter:

> **Wieviel Flüssigkeit braucht der Kranke?**
> **Wieviel kcal Ernährung *wären* angemessen?**
> **Ist diese Menge verwertbar? Oder muss man kürzen?**
> **Warum eigentlich wird noch nicht enteral ernährt?**

Sind diese Fragen in dieser Folge geklärt, ist die Lösung da!

Mit Zuhören und „gekonnten" Fragen kreist der erfahrene Arzt die Diagnose ein. Um von den Beschwerden über klinische, Labor- und apparative Befunde zur Diagnose zu kommen, muss man nachdenken. Hat man sich entschieden, vergleiche man, wieviel von dem lehrbuchmäßigen Krankheitsbild auf die angenommene Diagnose zutrifft. Ist das nur wenig, muss man zweifeln! Das folgende Glossar nennt viele Befunde samt ihrer Differentialdiagnosen, ernährungsbedingte sind fett gedruckt. Pauken Sie sich, sofern Sie „vom Fach" sind, diese Seiten ein, denn Sie brauchen alles von A bis Z!

Adynamie. Depression. Sedativa, Opioide. Insult, Enzephalitis, Liquorstau, hoher Hirndruck. Morbus Addison. Morbus Parkinson. Hypothyreose. *Dehydratation. Elektrolytstörung* (Hyponatriämie!). CO_2-Narkose. *Aminosäuren-Overflow.*

Albumin. *Erhöht: Dehydratation. Erniedrigt:* Proteinurie, Leberinsuffizienz, Verbrennung, schweres Trauma. *Mangelernährung.* Ödemkrankheiten. Exsudative Enteropathie.

Allergische Reaktion. Quaddeln, rotfleckiger Ausschlag, Mukositis, Lippen-, Gesichts-, Pharynx- oder Larynx-Ödem, Tachykardie, Luftnot, Bronchospasmus, Schock durch Arznei, Kontrastmittel, Insektenstich. Allergene Nahrungsmittel: *Zitrusfrüchte, Nüsse, Gewürze, heimische Früchte.* Pseudoallergische Reaktionen treten erst Stunden nach *Schokolade, Banane, Fisch, Käse, Kuhmilch* auf (Bauchkrämpfe, Durchfall; Urtikaria, Anaphylaxie). *Allergie gegen Eilecithin* (in Fettemulsionen).

Azidose. Schock jeder Ursache. Urämie. *Diabetische Ketoazidose. Bikarbonatverlust* renal oder durch Diarrhoe. *Saure Infusionen* .

Bauch, *unklarer.* Fehlende Darmgeräusche bei Peritonitis, Ileus, Mesenterialischämie. Darmatonie postoperativ, durch Opioide oder Spasmolytika. Druckschmerz durch „-itis" jedes Bauchorgans. Atonie vs. Paralyse vs. intestinale Pseudoobstruktion. *Internistischer* Bauch: Porphyrie, *diabetische Ketoazidose*, M. Addison.

Bewusstseinstrübung. Hirnkrankheit. Diabetisches, urämisches, hepatisches, hypothyreotes, hypophysäres oder CO_2-Koma, M. Addison. *Hypoglykämie.* Intoxikation (Psychopharmaka, Sedativa, Opiodie, Alkohol). *Schwere Elektrolytstörung.* Zu rasche Korrektur einer Hyponatriämie. Schwere *Dehydratation.* Schwerer *Phosphatmangel, Magnesiummangel.* Postkonvulsiv. Petit-mal-Status!

Cholestase. Arzneimittelnebenwirkung. Virushepatitis. Gallengangsstenose. Pankreastumor. *Übermäßig i.v.-Glukose.*

Creatinkinase *hoch.* Herzinfarkt. Muskeltrauma/-ischämie. *Phosphatmangel.* Maligne Hyperthermie. Genetische Varianten. Elektrotrauma, Defibrillation, nach i.m.-Injektion. CSE-Hemmer. Drogen.

Dementia praecox. Geistige Retardierung ist das häufigste Symptom angeborener *Störungen des Aminosäurestoffwechsels.*

Diarrhoe. Bakterien, Protozoen, Viren, Toxine. M. Crohn. Colitis ulcerosa. Antibiotikaassoziiert. *Laktoseintoleranz. Sprue. Dumping- und „Tube feeding"-Syndrom.* Kurzdarmsyndrom. Exokrine Pankreasinsuffizienz. Kolonresektion. *Zu viel, zu schnell, zu kalte Sondenkost. Niedermolekulare Kost. Ballaststoffhaltige Kost. Zu viel MCT-Fett enteral.* Autonome diabetische Neuropathie. Pseudodiarrhoe wegen Inkontinez. *Allergie oder Intoleranz gegen Nahrungsmittel.* Kollagene Kolitis. Chologener Durchfall. Bariatrische Chirurgie.

Durst. *Flüssigkeitsmangel.* Hypertone Dehydratation. Mundatmung. Mangelnde Speichelproduktion (Sicca-Syndrom), Parotitis. Anticholinergika, Clonidin u.v.a. Flüssigkeitsverlust wegen Fieber, Schwitzen, Diarrhoe, Drainagen, Volumenmangel oder Polyurie.

Epileptischer Anfall. Genuin. Hirntumor, Meningoenzephalitis, Hirnkontusion, Ischämie, Blutung, Hirnödem, Abszess. Alkohol. *Schwere Hypokalzämie. Phosphatmangel.*

Erbrechen. Gastroenteritis, Appendizitis, Cholezystitis, Pankreatitis. Schwangerschaft. **Verdorbene Nahrung.** Zuviel Digitalis. Norovirus. Alkohol. Zerebelläre Krankheiten. *Magenatonie. Sondenkostunverträglichkeit.* Hirndruck. *Aminosäureüberdosierung.*

Exanthem. Arzneimittel. Dermatosen, Urtikaria bei Allergie auf *Nahrungsmittel/-zusätze.* Psoriasiforme Acrodermatitis enteropathica durch *Zinkmangel. Fettinfusion.* Dermatitis bei *Sprue.*

Extremitätenschwellung. *Kühl und schmerzlos:* Lymphödem. *Eiskalt und schmerzhaft:* arterieller Verschluss. *Warm, livide, wenig Schmerz:* Venenthrombose. *Warm, starker Schmerz:* M. Sudeck oder Kompartimentsyndrom. Einblutung, z.B. unter Antikoagulantien. Polymyositis.

Fieber. Bakteriell, viral, durch Protozoen oder Pilze verursachte Infektion jedweden Organs. Infektion durch div. Katheter. *Wundinfektion nach PEG-Anlage* u.a. „Resorptionsfieber" nach Ischämie eines Organs. *Translokation* originärer Darmkeime oder von *Probiotika*. Hämolyse durch Fehltransfusion u.a. *Frühreaktion auf Fettinfusion*. Fieber als „B-Symptom". Autoimmunkrankheiten. Maligne Hyperthermie. Malaria u.v.a. Eine erschöpfende Aufzählung ist unmöglich.

Gerinnungsstörung. *Thrombose* durch Immobilität, Parese, Polyglobulie, Herzinsuffizienz, Schwangerschaft, nephrotisches Syndrom, Tumorleiden, genetische Ursachen. Antiphospholipidsyndrom. Thrombose *und* Butungsneigung bei Verbrauchskoagulopathie oder HIT (Typ 2). *Blutungsneigung* bei von-Willebrandt-Jürgens-Syndrom, Hämophilie A und B, Antikoagulantientherapie, Mangel an Gerinnungsfaktoren bei Leberzirrhose. Mangel an *Vitamin K oder C*. Thrombozytopenie jeder Ursache. Sehr selten: *Lipidinfusion*.

Geschmacks- *(meist Riech-)* **Störung.** Fazialisparese bds. ACE-Hemmer. Frontobasale Tumore. Frühsymptom des M. Parkinson. Zopiclon.

Gewichtsverlust. *Unterernährung. Appetitmangel* jeglicher Ursache (Depression!). *Katabolie* bei schwerer Erkrankung. *Ungenügende künstliche Ernährung.* Tumorleiden. Hyperthyreose. *Malassimilation.* Diuretikamissbrauch. Phäochromozytom.

Gewichtszunahme. *Appetitsteigerung. Wasserretention* jeder Ursache.

Haarausfall. Normal: 150 Haare/Tag. Genetisch. Stress, lange Krankheit. Zytostatika, Bestrahlung. Heparin, Kumarine, auch die neuen Antikoagulantien. *Eisenmangel, Mangelernährung, Vit.-B1-Mangel.*

Harnstoff, *hoch.* Nierenversagen. *Katabolie. Flüssigkeitsmangel.* Intestinale Blutung, v.a. bei Leberzirrhose. *Zu hohe Zufuhr von Aminosäuren oder unselektive Gabe bei angeborener Störung im AS-Stoffwechsel. Niedrig: Hungerstoffwechsel.*

Hautblutung. *Flächig:* Hautatrophie. *Mangel an Vit. C oder K.* Hämophilien. *Punktförmig:* Vaskulitis. Thrombopenie.

Herzrhythmusstörung. U.a. *Kalium-, Magnesiummangel. Hyperkaliämie.* Kardiomyopathie durch u.a. *Alkohol, Phosphat- oder Carnitinmangel.* Hyperthyreose.

Herztöne/-geräusche. *Rein-leise-regelmäßig*: normal. Fast *unhörbar*: Emphysem, Perikard- oder Pleuraerguss. *Laut* bei Schlanken oder hyperdynamem Kreislauf. *Funktionelle* Geräusche durch Klappensklerose oder Vitien. *Neue* Geräusche: Endokarditis, Myokardinfarkt mit Mitralklappensehnenabriss oder Ventrikelseptumperforation.

Husten. Pharyngitis, Laryngitis, Bronchitis, Pneumonie. Aspiration. ACE-Hemmer. Stimmbanderkrankung. Tuberkulose. Lungenembolie.

Hyperglykämie. Diabetes mellitus. Steroide, Schwangerschaft. Stressstoffwechsel. *Glukoseinfusion.* Infekt bei Diabetes. ACTH- oder Glukagon-sezernierender Tumor. Cushing-Syndrom.

Hyperkaliämie. Nierenversagen. Kaliumsparende Diuretika, ACE- oder AT-1-Hemmer. Hämolyse. Azidose. Massivtransfusion. Iatrogen!. M. Addison. Pseudohyperkaliämie bei exzessiver Thrombozytose.

Hyperkalzämie. Hyperparathyreoidismus. Immobilisation. Knochenmetastasen. Plasmozytom. *Vitamin-D-Überdosierung.* Paraneoplasie.

Hypernatriämie. *Wassermangel.* ADH-Mangel oder ungenügendes Ansprechen auf ADH. Polyurie anderer Ursache. Übermäßige Zufuhr *iso- oder hypertoner Salzlösung.*

Hypertriglyzeridämie. Postprandial normal. Essentiell. Fettverwertungsstörung bei schwerer Hypoxie, Azidose, Schock. *Unter laufender Fettinfusion tolerabel bis 1.000 mg/dl.* Propofolinfusion.

Hypoglykämie. Antidiabetika, *außer* Metformin, Gliptinen und SGLT2-Inhibitoren. Insulinom. Verheimlichte Insulininjektion. *Fruktoseintoleranz. Absetzen hochdosierter Glukoseinfusion.*

Hypokaliämie. Schleifendiuretika. *Diarrhoe.* Laxantien. Alkalose. Steroidexzess. *Ungenügende Zufuhr* (Diuretika; Durchfall). M. Conn. Kaliumverlustniere.

Hyponatriämie. Wasserretention. Antikonvulsiva und weitere Pharmaka durch inadäquate ADH-Sekretion. Salzverlustniere. *Ungenügende Salzzufuhr.* Zentrale Störung. Diuretika. Morbus Addison.

Hypotonie. Essentiell. Volumenmangel. *Dehydratation.* Fieber, Sepsis. Herzversagen. Querschnittssyndrom. Perikardtamponade. Lungenembolie. Anaphylaxie. A.-subclavia-Stenose. Morbus Takayasu.

Laktatanstieg. Schock, Sepsis, Hypoxie, Azidose. Mesenterialischämie. Hämofiltration. *Laktathaltige Infusionen* bei Leberinsuffizienz. Kritisch Kranke. Laktazidose durch Metformin wegen Ignorieren der Kontraindikationen (Niereninsuffizienz, hohe Transaminasen).

LDH-Anstieg. Hämolyse. Technische Herzklappe. Schwierige Blutentnahme. *Refeeding-Syndrom*. Maligne Krankheiten. Hämolytisch-urämisches Syndrom durch EHEC.

Leberverfettung. Alkohol. *Diabetes mellitus. Hyperalimentation jeder Ursache, z.B. durch mehr als 4 bis 5 g/kg Glukose i.v. täglich.* Diverse Formen der nichtalkoholischen Steatosis.

Leberversagen. Virushepatitis. Arznei-Idiosynkrasie. Vergiftungen. Schockleber. HELLP-Syndrom. Selten durch *Fettemulsion* bei übersehener Kontraindikation. **Alkoholzirrhose** u.v.a.

Leukozyten. *Erniedrigt*: Carbamazepin, Metamizol, Immunsuppressiva, Zytostatika u.v.a. Bestrahlung. Knochenmarksfibrose/-karzinose. Splenomegalie. Sepsis! Leukämie. Virusinfekt. *Erhöht:* Infekte, Steroide, myeloproliferative Syndrome. CML.

Luftnot. Lungenembolie (Thrombus, Fett, Luft). *Überinfusion.* Interstitielles Lungenödem. *Aspiration.* Kardiomyopathie durch u.a. *Vit.-B1- oder Carnitinmangel.* Herzversagen jeder Ursache, z.B. *Phosphatmangel.* Reaktive Hyperventilation wegen metabolischer Azidose. Asthma bronchiale, Emphysem, Lungenfibrose, Pneumonie, Pneumothorax, pulmonale Hypertonie, Pleuraerguss. Luftnot *mit inspiratorischem Stridor* durch bds. Stimmbandparese, Kehlkopf- oder Trachealstenose, obstruierte Trachealkanüle. Neuromuskuläre Krankheiten.

Muskelschmerz. Überanstrengung. Dermatomyositis, Polymyositis. Rhabdomyolyse durch *Phosphatmangel,* Statintherapie, illegale Drogen u.v.a. Grand-mal-Anfall. Leptospirose. Muskelischämie. Myalgie bei Virusgrippe oder viraler Hepatitis. *Trichinose.*

Muskelschwäche, *generalisiert.* Critical-illness-Neuromyopathie. Myasthenie, Muskeldystrophie. *Hypokalie. Schwerer Phosphatmangel.*

Muskelschwäche, *halbseitig.* Insult, Hirnblutung/-tumor, Sinusvenenthrombose. Toddsche Parese nach epileptischem Anfall.

Muskelschwäche, *lokalisiert.* > Lehrbücher Neurologie. *Querschnitts-symptome:* Bandscheibenprolaps, Myelopathie, Spondylodiszitis, spinale Raumforderung, spinales Trauma, Myelitis. Spinale Ischämie durch Stenose/Verschluss der A. spinalis anterior, nach Aortenchirurgie, Dissektion oder Stenting der Aorta. Multiple Sklerose.

Muskelschwund, *generell.* Inaktivität, sehr häufig im Alter. Immobilisation. *Unterernährung.* Myopathie. Muskeldystrophie (CK oft erhöht).

Nephrolithiasis. *Gicht. Hyperkalzämie. Phosphatstein. D-Hypervitaminose. Zystinurie.*

Obstipation. *Ballaststoffmangel.* Reizdarm. Pseudoobstipation unter *Sondenkost.* Intestinale Stenose. Analerkrankungen. Peritoneale Reizung. Opioide u.v.a. *Hypokaliämie-*bedingte und postoperative Darmatonie. Querschnittsleiden. Autonome diabetische Neuropathie.

Ödem, *lokalisiert.* Lungenödem: ARDS, toxische Gase. Ödem *einer* Extremität: Parese, Thrombose, Lymphödem. Ödem *beider* Beine: Paraparese jeder Ursache, Albuminmangel oder Herzinsuffizienz. Hirnödem: Trauma, Tumor, postoperativ, zu rasche *Hyponatriämiekorrektur.* Myxödem bei Hypothyreose. Morbus Sudeck. Quinckeödem.

Oligurie. *Wassermangel,* Schock (prärenale Ursachen). Niereninsuffizienz. Überlaufblase/Katheterdislokation bedenken.

Osteoporose. Alter. Alkoholismus. Androgenmangel. Steroide. Heparintherapie. Östrogenmangel. Hyperthyreose. Renale Osteopathie. *Malnutrition. Vitamin-D- und Kalziummangel* v.a. bei Heimbewohnern. *Langfristige künstliche Ernährung.*

Pankreatitis. Alkohol. *Völlerei. Triglyzeride > 1.000 mg/dl, z.B. unter Fettinfusion.* Hereditär. Gallengangsstenose. Bauchtrauma. Postoperativ. Nach ERCP. Pankreas anulare.

Phosphatspiegel. *Erniedrigt: Glukoseinfusion, Therapie des diabetischen Komas, Refeedingsyndrom.* Phosphaturie. Hyperparathyreoidismus. *Erhöht:* Niereninsuffizienz.

Polyneuropathie. Alkohol. *Diabetes. Vitamin-B1- und -B12-Mangel. Phosphatmangel.* Urämie u.v.a.

Polyurie. Reichlich Flüssigkeitszufuhr. Diuretika. *Hyperglykämie. Hyperkalzämische oder hypokaliämische Nephropathie*, polyurisches Nierenversagen. Postobstruktiv. ADH-Mangel (meist hypophysär).

Puls, *fehlender.* Einseitig fehlender Radialispuls spricht für Stenose der A. subclavia oder Verschluss der A. radialis, meist nach Kanülierung. Steal- oder Kompressionssyndrom (Halsrippe). *Bds.* schwacher Radialispuls: Aortenbogensyndrom (M. Takayasu). Schwache Leistenpulse: Aortenisthmusstenose, Verschluss der Aortenbifurkation. Keine Fußpulse: pAVK. Strömungsgeräusch über der A. axillaris: V.a. Arteriitis. Prominente A. temporalis: Riesenzellarteriitis.

Pupillen. Anisokorie *leicht*, Lichtreaktion *normal*: bei 10 % physiologisch. *Ausgeprägt*: Epiduralhämatom. *Einseitig* weit, *ohne LR*: Iritis. Kunstauge. *Miosis und Ptosis:* Hornersyndrom. *Bds. Miosis*: Opioide, Hirnstammerkrankung. *Bds. Mydriasis*: Anticholinergika, Katecholamine. U.v.a.

Schilddrüsenhormone. *TSH erhöht*: Hypothyreose. *Supprimiert*: Hyperthyreose. *FT_3 u./o. fT_4 erhöht*: Hyperthyreose durch Adenome, heiße Knoten, nach jodhaltigem Kontrastmittel, Übersubstitution. *FT_3 erniedrigt/übrige normal:* Konversionsstörung fT4 > fT3 durch schwere Krankheiten (keine Therapie, da „Euthyreoid sick"-Syndrom) oder Amiodaron (Hyper- und Hypothyreose). *TSH und periphere Hormone tief*: Ausfall des Hypophysenvorderlappens. *TSH hoch, fT_4 und fT_3 niedrig*: Hypothyreose, meist *Jodmangel.*

Schluckstörung. Pharyngitis, Tonsillitis. Raumforderung oder Fremdkörper im Rachen oder Ösophagus. Achalasie. Insult, Hirnblutung, Tumor. Morbus Parkinson. Muskeldystrophie. *Botulismus* (Doppelbilder, Mydriasis, Ptosis, Dysarthrie, Lähmungen, Schluckstörung).

Stuhlfarbe. *Dunkelbraun-lehmig*: normal. *Hell* („entfärbt"): Cholestase. *Schwarz*: Blutung aus oberem Intestinaltrakt, Eisengabe. *Schwarzgrün*: *Spinat. Grünlich*: bakterielle Dysenterien. *Blutig*: Colitis ulcerosa, pseudomembranöse Kolitis, Strahlenenteritis, Angiodysplasie, Polyp, Tumor u.a. *Grau, fettig, pastös*: exokrine Pankreasinsuffizienz.

Turgor. Nie am Handrücken prüfen, da steht die Haut fast bei jedem, bei Alten immer. Normaler Turgor schließt Dehydratation nicht aus!

Urinfarbe. *Dunkelgelb*: **Wassermangel**, Bilirubinurie. *Hell*: erhöhte Wasserzufuhr, Diuretika, **Hyperkalzämie, Hypokaliämie, Glukosurie**, Nierenversagen, ADH-Mangel. *Trübe*: Infekt. Weißliche Flocken: meist Phosphaturie („Milchpisser"). *Orangefarben*: Rifampicin, Tolcapon. *Rot*: Hämaturie, Kathetermanipulation, hämorrhagische Zystitis. Konkremente, Tumor (Niere, Ureter oder Blase). Hämolyse. Hämoglobinurie. *Rote Bete*. Fleischwasserfarben: Myoglobinurie. *Schwarz-braun*: akute Porphyrie. [Exzellente Quelle: www.harnfarbe.de]

Vitamin-D-Spiegel. *Erhöht:* Vit.-D-Übersubstitution. *Erniedrigt:* Nur behandeln, falls Knochen- oder Nierenerkrankung nachgewiesen; *biologisch bedeutsam* sind Spiegel (vermutlich) erst < 12,5 ng/ml.

Verwirrtheit. Delir durch **Alkohol-** und Drogen-**Entzug**. Wernicke-Enzephalopathie mit *Vit.-B1-Mangel*. Demenz, Psychose, Insult, Hypoxie, Hirntrauma, Meningitis, Enzephalitis, Arzneimittel. *Hypoglykämie*. Petit-mal-Status. *Dehydratation, Hyper-/Hyponatriämie. Hyperkalzämie. Magnesium-, Phosphatmangel*. Postoperatives u.a. Durchgangssyndrom. Septische Enzephalopathie. Zentrales anticholinerges Syndrom. Serotoninsyndrom.

Zyanose. *Zentrale Z.:* Auch die Zunge ist zyanotisch wegen kardialer (z.B. Shuntvitien) oder pulmonaler Ursache. *Periphere Z.:* Extreme Sauerstoffausschöpfung infolge Herzinsuffizienz. Zentralisierter Kreislauf (Sepsis; hypodynamer Schock). PAVK. Venenthrombose.

Nierenversagen! Und jetzt? 38

Gäbe es keinen Diabetes, gäbe es nur halb so viele Dialysepatienten! In Deutschland benötigen 160.000 Menschen eine lebenslange Hämodialyse, es sei denn, sie haben, wie 40.000 andere, ein Nierentransplantat; 5.000 Menschen praktizieren die Peritoneal-dialyse. Neben diesen 200.000 chronisch Kranken ist an die zu erinnern, die auf der Intensivstation passager eine maschinelle Blutreinigung benötigen sowie die Vieltau-senden, die mit eingeschränkter Nierenleistung leben und der Dialyse ins Auge schau-en. In vielen Staaten kann das Gesundheitswesen die Dialyse nicht bezahlen, so dass immer noch viele Menschen weit vorzeitig wegen ihrer Niereninsuffizienz sterben.

Gesunde Nieren, je 150 g schwer, haben viele **Funktionen**. Sie filtrie-ren jede Stunde das Blutwasser mit den harnpflichtigen Substanzen ab, 120 Liter (!) Primärharn täglich. Sie entziehen diesem wieder alle erhal-tenswerten Substanzen und schaffen sie in das Blut zurück. Sie regeln den Natrium-, Kalium-, Kalzium-, Chlor-, Phosphat- und Säure-Basen-Haushalt, sie lassen Harnstoff, Harnsäure, Kreatinin und andere mit-telmolekulare Substanzen passieren und holen 119 Liter Wasser wieder zurück in die Blutbahn. Nur 1 % des Primärfiltrats wird als Urin ausge-schieden. Die Nieren dienen der Blutdruckregulation, der Erythro-poetin- und Vitamin-D-Synthese – rund um die Uhr. Mit einer *halben* Niere kann man leben! Diese von den Nieren perfekt gelösten Aufga-ben sind durch künstliche Blutreinigung, wenn auch unterstützt durch Medikation und Diät, nie so gut wie von der Natur zu lösen. Fünf Sta-dien des Nierenversagens werden unterschieden. Anhand folgender Laborwerte findet man das meiste heraus: Kleines Blutbild, Kreatinin, Harnstoff, Kreatininclearance, geschätzte glomeruläre Filtrationsrate („eGFR"), Proteinurie, Elektrolyte (Blut; Urin), Phosphatspiegel, Blut-gasanalyse, Urinstatus/-sediment, Ferritinspiegel und Elektrophorese sind das Programm. Der Blutdruck soll unter 130/80 mm Hg liegen, unabhängig vom Stadium der Erkrankung. **Ziel der Therapie** ist, das Fortschreiten des Nierenversagens zu bremsen, den Dialysebeginn zu verzögern und den BMI des Kranken wenigstens bei 23 kg/m² zu hal-ten. Das ist die Theorie. In der Praxis zieht die Hälfte der Behandler es vor, den Kranken nicht mit unerfüllbaren Diätvorschriften halb ver-hungern zu lassen, sonst beginnt die Dialyse in schlechter Verfassung.

Die **Ernährung** soll nämlich arm an Natrium, Kalium, Phosphat und Eiweiß sein, bei Fettstoffwechselstörung auch fettarm und dennoch kalorisch ausreichend. Angestrebt werden 35 kcal/kg am Tag. Solange die Urinausscheidung erhalten ist, sollte die **Flüssigkeitszufuhr** so hoch sein, dass täglich 2.000 ml erreicht werden. Andernfalls ist als Trinkmenge nur die Restdiurese plus 500 bis 750 ml erlaubt. Mikronährstoffe, ein Vitamin-D-Analogon und die übrigen Vitamine sind angemessen zuzuführen. Hämoglobin soll um 11 g/dl liegen, gesteuert durch s.c.-Erythropoetin- und Eiseninjektionen. Natrium, Kalium, Phosphat und arterieller pH sollen normal sein. Diese Forderungen sind rasch hingeworfen. Viele Lehrbücher begründen sie detailgenau, enthalten aber nur wenige konkrete Vorschläge außer dem Hinweis auf den Kalium- und Wassergehalt von Obst oder den Phosphatgehalt von Schmelzkäse, Wurst und Cola. Die hohe biologische Wertigkeit der Eiweiße in Kartoffeln plus Ei kennen alle, aber das kann man ja nicht jeden Tag auftischen. Milch ist ungut: zu viel Eiweiß, zu viel Phosphat. Besser ist mit Wasser verdünnte Sahne. Generell sind fette Speisen den mageren vorzuziehen. Viele Kranke verzweifeln daran, was sie essen sollen, weil auch die Diätassistentin sagt, dass es eine Kost, die reich an Ballaststoffen, aber zugleich arm an Kalium, Phosphat und Eiweiß ist, gar nicht gibt. Dennoch muss sie ein **Repertoire erlaubter Nahrungsmittel** und Menüpläne aufstellen, die in der Tat vor allem Kalium, Eiweiß und Phosphat berücksichtigen. Gemüse und Kartoffeln werden vor dem Kochen durch ein langes Wasserbad „dialysiert", so wird Kalium ausgewaschen. Wer eine Proteinurie hat, sollte so salzarm wie nur möglich essen und trinken. Jeden zweiten Tag geht der Niereninsuffiziente auf die Digitalwaage: Nimmt er ab, isst er zu wenig, nimmt er zu, hat er zu viel Flüssigkeit. Den Nephrologen sucht er alle sechs Monate auf; er legt Krankheitsstadium und **Medikation** fest. An Dosisreduktion oder Absetzen von Arzneien zu denken, ist gut! Vieles ist riskant wie direkte *Antikoagulantien* oder *nichtsteroidale Antiphlogistika*: Sie sind „der Nieren Tod"! Jod- und Gadolinium-haltige Röntgenkontrastmittel soll auch der Nierenkranke erhalten, wenn die medizinische Indikation es rechtfertigt. Das Risiko einer Verschlechterung der Nierenfunktion hängt eher von der Fülle aller Krankheiten des Patienten ab (Floege J, Der Internist, 6/2017).

Die an das Krankheitsstadium angepasste Ernährung ist verzwickt. Die (per Sonde) **enterale oder parenterale Versorgung** ist einfach, weil alle Nährstoffe bilanziert sind. Der **Wasserbedarf** ist zuerst festzulegen, dann wird die entsprechende Spezialnährlösung gewählt. Die **Eiweiß-**

zufuhr von 1 g/kg (gesicherte Krankheit, eGFR normal) bis 0,6 g/kg (Prä-Urämie) ist leicht zu errechnen. Liegt das Volumen fest, ist die Menge an Kalium, Phosphat und Natrium durch einen Blick auf die Verpackung per Dreisatz ermittelt. Mit der Dialyse versiegt die Diurese meistens. So wird nur wenig trinken zum quälenden Begleiter. Da der **Aminosäureverlust während Dialyse** ca. 10 g beträgt, wird die Eiweiß-zufuhr erhöht. Nach drei Tagen Dialysepause kann Kalium bedrohlich steigen, daher bleibt es bei der **Kalium- *und* Phosphatrestriktion**, denn während *einer* Dialyse werden nur max. 800 mg Phosphor eliminiert. Genügt die normale Ernährung nicht, ist dialyseadaptierte **Trinknah-rung** einen Versuch wert. Wird sie verschmäht, könnte während der Dialyse *intravenös* ernähren: Leider bleibt es bei dieser Idee, denn niemand will diese **i.v.-Zusatzernährung** bezahlen, weil lt. Studien ihr Nutzen zu gering ist. Trotz Dialyse sind Phosphatsenker, Kalzium-karbonat (metabolische Azidose!), Vitamin-D-Analoga und Kalium-Austauscher nötig. Fast alle erhalten Erythropoetin und Eisen (i.v.), um Transferinsättigung und Ferritin hochnormal zu halten. Diese **renale Polypharmazie** wird oft erweitert um Antihypertensiva und Antidiabetika, deren Kontraindikationen (Metformin!) dringend zu beachten sind. Während einer **Peritonealdialyse** gehen, wie bei konventioneller, gut 10 g Eiweiß verloren. Die Eiweißrestriktion wird daher aufgehoben. Bis 200 g Glukose werden aus der Dialysatflüssigkeit resorbiert, das entspricht dem halben Tagesbedarf an Kohlenhydraten! Sie können eine Diabetestherapie völlig durcheinander bringen. Die Kaliumbegrenzung kann bei täglicher Peritonealdialyse meistens entfallen, nicht selten muss Kalium sogar substituiert werden. Spezielle **intensivmedizinische Verfahren** zur Blutreinigung und zum Wasserentzug (CVVH, CVVHD, CVVHDF oder SLEED) werden hier nur akronym erwähnt. Sie alle erfordern eine besonders hohe Eiweißzufuhr von 1,5 g/kg.

Nach einer **Nierentransplantation** beginnt für die meisten Menschen ein neues Leben, in das jedoch Immunsuppresiva eintreten. Diese erschweren die Verwertung der Triglyzeride; dann sind Fischöle günstig. Steroide werden oft in nur geringer Dosis, knapp an der Cushing-schwelle, benötigt. Das Osteoporoserisiko bleibt aber hoch, wie bei allen Nierenkranken. Langfristig braucht der Transplantierte keinerlei Diät, und trinken darf er wieder nach Herzenslust.

Die häufigste Lebererkrankung ist die Fettleber, ausgelöst durch Alkohol oder Überernährung („NASH"). Seltene stoffwechselbedingte Leberleiden sind die Eisen-, Kupfer- oder Glykogen-Speicherkrankheit. Leider gibt es für die Leber keine „Dialysemaschine". Alle Empfehlungen zur Ernährung beziehen sich auf die langdauernde Zirrhose und hier speziell die hepatische Enzephalopathie. Bei akutem Leberversagen ist die Lage unklar. Allein die Kürze der Krankheit verhindert es, den Einfluss einer Ernährungsvariante herauszufiltern. Zur Arzneibehandlung gibt es leider nur wenig Wirksames.

Das Leberversagen signalisieren: Ammoniak-/Quickwert, Cholinesterase, Albumin, Bilirubin, Anstieg oder terminaler Abfall der Transaminasen sowie das klinische Bild. Die **hepatische Enzephalopathie** ist *das* Kriterium, das über normale oder „spezielle" Ernährung entscheidet: Erst bei kognitiven Defiziten, Flapping-Tremor oder Vigilanzminderung wird, als wichtigste Diätmaßnahme, die Eiweißzufuhr reduziert auf 0,6 g/kg. Oral können Leucin, Isoleucin und Valin als **verzweigtkettige Aminosäuren** eingenommen werden (z.B. Falkamin^R; tgl. drei Beutel). Diese maximal 0,3 g/kg Eiweiß muss man aber von der ohnehin geringen Tagesration abziehen. Für das „tägliche Brot" bleibt dann fast nichts übrig. Wenn bei Enzephalopathie *parenteral* ernährt wird, wählt man analog eine Infusion mit hohem Anteil verzweigtkettiger Aminosäuren. **Laktulose**, 20 bis 40 ml/d, geben alle, in der Hoffnung, *die* Darmbakterien zu protegieren, die beim enteralen Ammoniakabbau helfen. Eine Studie, die das Erhoffte auch belegt, gibt es jedoch nicht. Bei **Aszites** ist Bettruhe günstig, die Flüssigkeits- und Natriumzufuhr ist zu begrenzen. Nach Ablassen großer Aszitesmengen (einige Liter), Parazentese genannt, wird Albumin 20 % infundiert, um den Eiweißverlust auszugleichen, 50 bis 100 ml reichen aus. Schwierig wird es, wenn trotz Flüssigkeitsüberladung, erkennbar an Anasarka, Aszites, Beinödemen oder Pleuraerguss, unter dann nötiger Salzrestriktion und kaum vermeidbarer Diuretikagabe die Nierenleistung nachlässt: Das trägt den Namen **hepato-renales Syndrom** und kann rasch bedrohlich werden. Nach Blutung aus einem Ulkus oder aus Ösophagusvarizen soll das Blut schnell den Darm verlassen, weil durch vermehrtes Ammoniak das Enzephalopathierisiko steigt. Hier ist Laktulose sinnvoll, als Laxans. Nicht resorbierbare Antibiotika wie Paromomycin oder Neueres (Fidaxomicin) dezimieren im Darm Ammoniak bildende Bakterien, aber das ist natürlich keine Lösung auf Dauer. Die plasmatische

Gerinnungsstörung beruht auf dem Mangel an den ja nur in der Leber synthetisierten Gerinnungsfaktoren. Im Fall einer Blutung, die bei einer INR > 5 sehr wahrscheinlich wird, hilft nur Frischplasma oder PPSB-Konzentrat rasch, auch wenn Vitamin K hinzugefügt wird. Eine **portosystemische Umleitung** mit dem „TIPPS"-System oder spleno-cavaler Anastomose senkt zwar das Risiko der Ösophagusvarizenblutung, aber das Enzephalopathierisiko steigt deutlich. Ösophagusvarizen verbieten nicht grundsätzlich eine nasogastrale Sonde, aber man fragt doch besser den zuletzt Endoskopierenden. Bei nur wenig Aszites und einer INR < 1,5 ist die **PEG-Anlage** noch möglich. Der Leberkranke muss Alkohol meiden, er wird Laktulose und einen Säureblocker nehmen, Propranolol senkt den portalvenösen Druck. Die **Ernährung** des *stabil* Leberkranken gleicht der Ernährung Gesunder, also: *keine* Eiweißrestriktion! Nur nach intestinaler Blutung wird kurze Zeit die Eiweißzufuhr gemindert, sonst steigt der Ammoniakspiegel. Als Letztes bleibt die Lebertransplantation. Sie verbessert die Lebensqualität sehr, nach 10 Jahren leben noch 70 % der Transplantierten.

... Sepsis und andere Katastrophen

Bei existenzieller Gefährdung greift der Körper massiv seine Reserven an. Kilogrammweise schmelzen Muskeln; Fettsäurespiegel, Glukoseproduktion und alle Stresshormone steigen, aber auch der Insulinspiegel. Diese extreme Katabolie glaubte man früher sozusagen gewaltsam durchbrechen zu können durch unverdrossene und natürlich intravenöse Ernährung. Aber das will nicht gelingen. Die uralten Stoffwechselabläufe sind resistent gegen noch so moderne Medizin. Daher lautet die wichtigste Regel:

Die **Ernährung Schwerstkranker** richtet sich nach der vermuteten Substratverwertbarkeit. Kreislauflage, geschätzte Oxygenierung und pH (arteriell und gemischtvenös) helfen dabei. Das bedeutet also, in der **Perakutphase** einer Sepsis *keinerlei Ernährung* zu versuchen, sondern sich auf eine differenzierte Gabe von Flüssigkeit, Elektrolyten und „Volumen" zu begrenzen. Allein das ist schwer genug. Nach 24 Stunden wird eine **Minimalernährung** möglich sein mit 2 g Glukose/kg, ab „Tag drei" kommen 0,5 g/kg Aminosäuren dazu. Die Substratzufuhr wird über weitere drei bis vier Tage langsam erhöht, und die vollparenterale Ernährung wird nicht vor „Tag 6" mit 30 kcal/kg angestrebt. Wer über eine indirekte Kalorimetrie verfügt, wird sie einsetzen, die

anderen „fahren blind", nach bestem klinischem Ermessen. Die Glukosezufuhr wird vom **Insulinverbrauch** von maximal 4 bis 6 I.E./Std.
bestimmt sowie vom Blutzucker, der um 160 mg/dl gehalten werden
soll. Zur vollen Ernährung sind 4 bis max. 5 g Glukose/kg erlaubt. Als
Maß des Eiweißabbaus kann der Stickstoffverlust aus dem Urinharn-
stoff ermittelt werden. Bei Verbrennungen und großen Wundflächen in
der exsudativen Phase kommen weitere, nicht messbare Verluste dazu.
Der Aminosäurebedarf liegt dann bei 1,5 (max. 2) g/kg. Ein *Monitoring
der Utilisation* findet nicht statt, weil niemand Serum-Aminogramme
misst. Liegt eine **disseminierte intravasale Koagulopathie** (DIC) vor,
wird man wegen der niedrigen Thrombozyten keine intravenösen Fette
geben. Lipide werden ansonsten ab dem fünften, spätestens siebten
Tag infundiert unter Beachtung des Triglyzeridspiegels von max. nüchtern 350 mg/dl und des Maximalwertes von 1.000 mg/dl (bzw. auch
dreifacher Nüchternspiegel) unter laufender Gabe. Nach langsamer
Aufdosierung sind max. 1,5 g/kg Fett möglich. Werden keine oder nur
ein Minimum an Katecholaminen gebraucht, soll, wenn irgend möglich, die **enterale Ernährung** beginnen: 20 ml/h Standardsondenkost
ohne Ballaststoffe sind schon nützlich für die Darmmukosa. Elektrolyte
werden ersetzt gemäß Blutspiegel oder Verlusten im Urin, Zulage von
Phosphat kann trotz normalen Spiegels angebracht sein. Vitamine und
Spurenelemente werden großzügig dosiert. Vitamin C und Glutamin
werden erwogen. Nur bei *leichter* Sepsis (Apache-II-Score < 15) *kann* die
Immunonutrition helfen. Man sollte sich nicht viel von ihr versprechen.
Bei **akuter Pankreatitis** hängt die Ernährung vom Schweregrad ab.
Ausgenommmen die endoskopische Therapie bei biliärer Ursache kann
man dem Verlauf leider keine kausale Behandlung entgegen setzen.
Auch bei *akuter* Pankreatitis ist die frühe Ernährung über Sonde besser
als die rein intravenöse. Fette dürfen, falls eine enterale Ernährung
nicht möglich ist, auch intravenös gegeben werden. Der Kostaufbau
mit leichter Nahrung kann meist zügig erfolgen.

Geht es einem Kranken sehr schlecht, können viele Kriterien gegen die
Ernährung sprechen. Für die enterale (normal essen bzw. über Sonde
ernährt werden) Ernährung wurden diese nicht wenigen Gründe ja
weiter oben angeführt.

In nur deutlicher weniger besonderen Lagen muss man *jegliche,* also auch die **intravenöse Ernährung einstellen:**

> pO_2 < 50 mm Hg
> pCO_2 > 65 mm Hg
> Laktatspiegel > 3 mmol/l
> arterieller pH < 7,2
> Katecholaminpflichtige Kreislauflage

Hyperkapnie, d.h. pCO_2 > 45 mm Hg, verlangt gezielt fettreiche Ernährung, weil weniger CO_2 anfällt. Nach **intestinaler Blutung** wird wenige Tage nicht enteral ernährt, bis gesichert ist, dass die Quelle gestillt *bleibt.* Bei **Thrombozytopenie,** d.h. < 50.000/µl, sind Lipide intravenös nicht erlaubt. Bei anhaltender Thrombozytopenie gibt man 0,5 g/kg LCT-Fett ein- bis zweimal pro Woche (24 Std. Einlaufzeit!), damit zumindest die essentiellen Fettsäuren zugeführt werden. Im **Nierenversagen** wird täglich der Bedarf an Flüssigkeit und Elektrolyten durch Bilanz und Blutspiegel ermittelt. Die Eiweißzufuhr wird begrenzt, Hauptkalorienquelle sind Glukose und Fett. Xylit verschwindet allmählich. Nach **großer Chirurgie** hält man sich an die allgemeinen Ernährungsregeln; an die Zulage von Glutamin und Vitamin C oder Immunonutrition wird gedacht. Beim zum Glück seltenen **Kurzdarmsyndrom** führt kein Weg an intravenöser Kompletternährung vorbei. Ist unter ihr das Stuhlvolumen akzeptabel, wird mit nur 30 ml/h nieder-*kalorischer Standard*-Lösung ohne Ballaststoffe oder mit (ggf. verdünnter) nieder-*molekularer* Sondenkost begonnen. Dieses Vorgehen verlangt vom verbliebenen Dünndarm am wenigsten. Hält der Durchfall an, muss man die „stopfende" Medikation vollends ausschöpfen und die enterale Kost noch mehr drosseln.

Es gib viel *Neues* zum Übergewicht, nur das „Leider *noch* mehr ..." ist nicht neu. Während weltweit an die 700 Millionen Menschen hungern, das ist jeder Zehnte, gibt es andererseits mehr und mehr Übergewichtige, selbst in Afrika! Zwar sind die Biochemie und **Endokrinologie** des Übergewichts sehr gut erforscht, aber offenbar hilft das alles nichts, höchstens zur Entwicklung von Anti-Appetit-Pillen. 700 „Faktoren" regulieren unser Essverhalten. An die 100 **Adipositasgene** sind bekannt, die mit Übergewicht zumindest assoziiert, also vergesellschaftet sind. Die ersten 1.000 Tage ab Zeugung bestimmen ein ganzes Leben lang unsere Essbiografie. Übergewichtige Mütter gebären zu dicke Kinder, also sollten sie vor geplanter **Schwangerschaft** abnehmen, auf jeden Fall, wenn sie Diabetes haben! **Stillen**, wenigstens sechs Monate (nur die Hälfte deutscher Mütter schafft es), hält die Säuglinge von zu viel Verzehr *zu proteinreicher* Kuhmilchprodukte und damit vor zu schnellem Wachstum in den ersten Lebensjahren ab. Die heutigen Hochleistungskühe werden auf Eiweißgehalt gezüchtet, denn er bestimmt den Milchpreis. **Kuhmilch-Eiweiß** steht bis auf Weiteres „unter Verdacht": Es scheint späterem Übergewicht und auch dem Diabetes Typ 2 den Weg zu bahnen. Bei den genannten Zusammenhängen handelt es sich überwiegend um *Assoziationen*, also nicht (noch nicht?) um *kausale Verknüpfungen*. Mit Spannung werden weitere Studien (ca. 2018) erwartet.

Nicht zu vernachlässigen ist trotz aller Genetik etc. der sog. sozioökonomische Status der Eltern. In vielen Familien ist weniger das Genom, sondern die sträflich **vernachlässigte Esserziehung** Schuld an der Überernährung. Kleinstfamilien oder Alleinerzieher wie auch berufstätige Eltern, die keine Zeit und Lust mehr haben, gutbürgerlich zu kochen, der Verfall unserer Esskultur („Jeder isst für sich allein.") und verlockende Angebote an jeder Straßenecke haben binnen 50 Jahren auch in Deutschland die Ernährung, vorläufig unumkehrbar, umgekrempelt. Operationen, **bariatrische Chirurgie** genannt, sind letzte, häufig verstümmelnde Versuche, das Problem Übergewicht „mechanistisch" zu lösen. Aber sie sind äußerst effektiv! (Halten Sie ein Auge auf Sigmar Gabriel, der vor Weihnachten 2016 diesen Weg ging.) Wegen Malassimilation müssen die so Operierten lange Zeit medizinisch betreut werden. Wenig erprobt, aber *reversibel* ist der „Magenballon", der wieder extrahierbare Dünndarm-Stent kommt soeben auf. **Appetit-zügler** sind ebenfalls ein letzter Strohhalm, an den man sich aber lieber nicht klammert. *Die* Wunderdiät gegen Übergewicht ist selbstverständlich nicht in Sicht. Wiewohl aus dem letzten Jahrtausend, gilt „FdH" noch, solange man sich damit genügend Eiweiß (1g/kg täglich) zuführt. Ergänzt um drei Mal die Woche 45 Minuten schwitzen, durch welche **Bewegung** auch immer, und 1.500 kcal verbrauchend, ist man auf dem richtigen Weg, der pro Monat zu einem bis zwei Kilogramm Gewichtsabnahme führt.

Und wo bleibt das Positive? Ach ja: Eine Metaanalyse (60.000 Kranke) hat gezeigt, dass die **Prognose intensivmedizinischer Patienten** (unter anderem) *auch* vom Ernährungszustand abhängt (Akinnusi, 2008). Am günstigsten war sie nicht für Normalgewichtige (BMI bis 25 kg/m^2), sondern für einen BMI zwischen 30 und 35 kg/m^2. Das ist schon eine Adipositas, Grad 1 – aber natürlich kein Grund, sich in jungen Jahren eine meist nur aus Fett bestehende Reserve zuzulegen! Diese Meta-Analyse tröstet ein bisschen die Älteren, die, oft krankheitsbedingt, mehr oder weniger jenseits ihres Normalgewichts leben.

Nur *fünf* Gebote genügen:

> *Nichts* rauchen.
> *Keinen/wenig* Alkohol trinken.
> *Mäßig* essen, doch vielseitig.
> *Viel* bewegen.
> *Glotze aus* und Geist an!

Wir müssen fest damit rechnen, dass naturbelassene und ungenügend zubereitete Nahrung mit Keimen besiedelt ist, die uns schaden. Ohne den Zusammenhang genau zu kennen, wussten das schon unsere Altvorderen. Ihre Sorge galt verdorbenem Mehl (Ergotismus), verdorbenem Fleisch (Botulismus) und vor allem unsauberem Wasser, das Pest und Cholera brachte. Unsauberes Trinkwasser ist weltweit noch heute die häufigste Quelle von Infektionen durch Lebensmittel. „Cook it, peel it or leave it!" Das kennt jeder Tourist, der sich auf einem exotischen Markt verköstigen muss.

In Deutschland gibt es jährlich über eine Million **Lebensmittelinfektionen**, von denen viele jedoch mild verlaufen und daher nicht gemeldet werden. Erfasst werden 100.000 Salmonellosen, die von Speiseeis, Geflügel, Mayonnaise, Roh-Ei oder Hackfleisch ausgehen, 60.000 Fälle von Campylobacter jejuni, der gerne in Rohmilch und Geflügel nistet, gut 6.000 Yersiniosen durch Schweinefleisch,Trinkwasser oder Gemüse und 200.000 Brechdurchfälle durch Norovirus: Nur 100 Partikel lassen „per Handschlag" schon den Nächsten erkanken. Nahrungsmittel sind aber meist nicht für seine Übertragung verantwortlich. Listerien, enteropathogene oder invasive E. coli in Rohmilch sind selten. Aus Ägypten auf rohen Bambussprossen eingeschleppte enterohämorrhagische Colibakterien, kurz EHEC, lehrten uns 2011 das Fürchten und brachten 54 Menschen den Tod durch Nierenversagen. Die Aufklärung dieser unglaublichen Infektionskette dauerte zwar Wochen, aber sie war ein großer Erfolg der *Wissenschaft*! Das **Rinderwahnvirus** ist in Deutschland wieder vergessen. 2007 gab es nur noch vier Fälle. Insgesamt fanden sich bei 16 Millionen untersuchter Rinder 400 Nachweise von BSE, der bovinen spongiformen Enzephalopathie. Mit **Hepatitis-A-Virus** kontaminiertes Wasser oder verseuchte Nahrung (Muscheln!) ist in Deutschland selten, aber in südöstlichen Reiseländern häufig. Daher lasse man sich impfen. Rotavirus befällt viele Kinder. Giardia lamblia, Amöben oder Pilze sind so rar wie Shigellen und Salmonella typhi et paratyphi oder Bacillus cereus (in Gewürzen). Tückisch ist der Botulismus, an den man denken muss, wenn mehrere Menschen mit den gleichen Symptomen (s.o.) in die Praxis oder Ambulanz kommen.

Um Infektionen durch Lebensmittel in Einrichtungen mit Gemeinschaftsverpflegung wie Altenheimen oder Krankenhäusern zu verhindern, muss jeder, der dort mit Nahrungsmitteln umgeht, vor Beginn seiner Tätigkeit eine kurze Belehrung lt. **Infektionsschutzgesetz** mitmachen, danach einmal jährlich. Die Regeln für Küchenpersonal lauten: Haare kurz oder als Zopf gebunden, kein Riesenschnurr- oder Rauschebart, der die geforderte Kopf-Haar-Haube konterkariert. Fingernägel kurz und rein. Kein Schmuck, keine Uhr an Hand und Unterarm. Täglich frische Berufskleidung. Vor der Arbeit zumindest gründlich die Hände waschen, sie zu *desinfizieren* ist klar besser. Hände-*Waschen* ist zumindest in der Klinik nur Pseudohygiene! Niesen nur in ein Taschentuch, notfalls mit aufgesetzter Nase „in die Schulter". Wer geniest oder geschnäuzt hat, *muss* die Hände desinfizieren: In 40 % aller Nasen ist Staphylokokkus aureus zuhause, der häufigste Wundkeim. Nach jedem Toilettengang, ob groß, ob klein, *müssen* Sie (in der Klinik) Ihre Hände desinfizieren! 25 % der Menschen verbrauchen nicht einmal Wasser „danach", 25 % nehmen keine Seife und lassen das Wasser weniger als fünf Sekunden laufen! Also ist in Toiletten ausgerechnet der *Wasserhahn* am ärgsten mit Colikeimen besudelt; allein deshalb ist Desinfektion besser. Verschmutzte Lebensmittel nur mit Handschuhen bearbeiten. Lebensmittel möglichst nicht anfassen, mit Gabel oder Zange geht es häufig auch. Handwunden verpflastern und mit einem Handschuh oder Fingerling überdecken. Nagelpilzbefall erfordert den Hautarzt. **Durchfall von Beschäftigten**, auch nur *eines* Küchen- oder Restaurantmitarbeiters, heißt schon „Alarm!" Vor allem bei Rückkehr aus dem Ausland mit Durchfall ist der Hausarzt aufzusuchen; zu Hause bleiben, bis man zwei Tage symptomfrei ist! Erkranken zwei oder mehr Küchenmitarbeiter binnen 7 Tagen an Durchfall, löst das „Großalarm!" und Meldung an das Gesundheitsamt aus. Die Küche ist zu schließen, Amtsarzt und Klinikhygieniker recherchieren vor Ort. Machen Sie sich auf sensationshungrige Presse gefasst! Stuhlproben des Küchenpersonals werden nicht mehr routinemäßig untersucht. Die Trefferquote ist zu klein. Auch sog. Salmonellen-Dauerausscheider geben die Keime nur sporadisch ab. Bei akutem Durchfall lohnt die bakteriologische Untersuchung jedoch häufig. Küchenmitarbeiter *müssen* dem Chef mitteilen, wenn sie wegen Durchfalls nicht zur Arbeit kommen. Nur so sind Mehrfacherkrankungen zu erfassen.

Der Küchenchef hat alle Verantwortung für die hygienische Unbedenklichkeit des Essens. Auf neudeutsch heißt Küchenhygiene **HACCP**: Er muss analysieren, wie und wo gerade in seiner Küche die Katastrophe ihren Lauf nehmen kann (**H**azard **A**nalysis), und er muss die kritischen Punkte kennen (Critical Care Point). Kurzgefasst: nur zuverlässige Lieferanten auswählen, die für ihre Produkte Brief und Siegel geben; Wareneingang kontrollieren, sichten und beriechen, im Zweifel auch Essprobe; Dokumentation der Kühlkette. Saubere, aufgeräumte Lager und Kühlräume, die regelmäßig wischdesinfiziert werden. Altes nach vorn, Frisches nach hinten. Schädlingsbefall, Schmeißfliegen, Käferchen, Mäusekot? Gott bewahre! **Riskante Lebensmittel** wie Frischeier, Rohmilch, Hackfleisch oder Tatar müssen draußen bleiben. Fleisch, es sei Fisch, Wild, Schwein, Rind und Geflügel, verdient Respekt: 30 % aller Proben sind bakteriell kontaminiert, am häufigsten mit Campylobacter jejuni, selbst MRSA kommt vor. Tauwasser auffangen und verwerfen. Auftauen nur im Kühlschrank. Alles durch und durch erhitzen, d.h. Kerntemperatur von 80 °C für 10 Minuten. Kein „Vorkochen". Falls nicht vermeidbar: rasch herunterkühlen. Speisen bei der Ausgabe nicht anfassen. 90 Minuten nach dem Kochen soll alles verzehrt sein. Was die Küche verlassen hat, darf nicht mehr verwendet werden. Spülgut *ordentlich* in die Maschine räumen, ohne Schatten. Gute Spülstraße anschaffen, die bei mindestens 70 °C reinigt, spült und trocknet. Nicht *manuell* nachtrocknen. Reste entsorgen, „Schweineeimer" war einmal. Oberflächen mit Lebensmittelkontakt nur mit zugelassenen Mitteln wischdesinfizieren. Küchenutensilien, z.B. Schneidemaschinen, zerlegen und in der Spülstraße thermisch desinfizieren, sonst durch Abreiben mit veterinäramtlich zugelassener Desinfektionslösung. Von jeder Speisencharge muss eine **Rückstellprobe** genommen werden, sie bleibt zwei Wochen im Kühlschrank, nicht einfrieren. Bevor man im Fall des Falles alle Proben „in Panik" einsendet, belässt man sie länger im Schrank und lässt Hygieniker und Hygienefachkraft weiter recherchieren. Die Analytik der Proben ist höchst aufwändig! Sie wird in keinem Krankenhauslabor, sondern nur in wenigen staatlichen Instituten durchgeführt; die Adresse erfragt man beim Gesundheitsamt.

Alles zur **Sondenernährung** Benötigte wird steril geliefert. Blasenspritze, Sondenkost und Überleitungsbesteck können aber *beim Gebrauch* verkeimen, also Handschuhe anziehen. Nach 24 Stunden ist alles zu verwerfen, nur der Wasserkanister wird aufbereitet. Besonders anfällig für Bakterien ist die Blasenspritze, mit der Sondenkost aufgezogen wird. Manche werfen sie nach einmaligem Gebrauch weg; der Verbrauch ist aber irrsinnig. Eine abgestöpselte PEG oder Magensonde kann man vor erneutem Anschluss des Überleitungssystems mit einer in Octenidin getränkten Kompresse wischdesinfizieren. So kann man auch mit dem Tablettenmörser umgehen. **Infektionen unter Sonden-ernährung** dürfen nicht mehr vorkommen, sofern man nur industrielle Kost und abgekochtes Wasser verwendet. **Infusionslösungen** sind steril, tragische Einzelfälle (Haarrisse in einer Infusionsglasflasche) ausgenommen. Es wird geraten, beim Neuanschluss des Infusionssystems den Verschlussstopfen des Venenkatheters oder Dreiwegehahns nicht zu desinfizieren, sondern nach Ende der Infusion einen neuen zu nehmen. Wird einer Infusion etwas zugespritzt, dann nur sofort nach dem Abziehen der Schutzfolie. Gleich danach wird das Infusionsbesteck eingebracht. Diese Arbeit wird mit Handschuhen ausgeführt, unsterile genügen. Wer an einem ZVK manipuliert, hat *sterile* zu nehmen. Das **Infektionsrisiko von Infusionen** geht praktisch allein vom Venenzugang aus, weil er per Hand manipuliert (lat. manus, Hand) wird. Es folgen die Nährlösungen, denen Zusätze zugespritzt wurden; Überleitungssysteme sind bei täglichem Wechsel „unschuldig".

Alte Chemie und neue Gene im Essen?

Ohne Herbi-, Fungi- und Pestizide kommen die wenigsten Betriebe aus. Bioprodukte machen nur 7 % des Lebensmittelumsatzes aus: Der Geldbeutel siegt über die gute Absicht. Der Mensch, letzter der Nahrungskette, isst, was er ausstreut; der Analytik entgeht nichts: Das Universal-Herbizid Glyphosphat z.b. ist nachweisbar im Verhältnis eines Korns zu zehn Güterwagen voller Getreide! Die Zahl behördlich zugelassener Lebensmittel-Zusatzstoffe (s. www.) ist Legion. Wenige haben die Anmerkung „kann Aktivität und Aufmerksamkeit bei Kindern beeinflussen". Freundlicherweise gibt es kein E 605 in der über 400 Substanzen umfassenden Liste.

Für *noch* gefährlicher als die „Chemie in unserer Nahrung", einst ein Bestseller, halten viele Menschen genveränderte Pflanzen. **Soja**sondenkost oder Sojabuletten enthalten (~ 100 % Risiko) Protein und Fett aus *transgenen* Pflanzen! **Weizen** bzw. Weizenmehl, auch wenn im Bioladen erstanden, stammt zu 80 % aus durch *Bestrahlung* „designtem" Saatgut. 15.000 solcher Mutationszüchtungen wurden bislang durch brutalen Beschuss mit der Röntgenkanone (siehe www.) erzeugt, 2.500 werden tatsächlich auch angebaut. Eine Deklaration über die Entstehung dieses Saatguts verlangt der Gesetzgeber nicht. Gezielter Gentausch ist dagegen der reinste mikrochirurgische Eingriff.

Per Genänderung konnte **Reis** mit Vitamin A und Eisen angereichert werden, er könnte Millionen (!) Kinder vor Blindheit retten! 2013 gab der Papst ihm seinen Segen. Greenpeace nicht, mit „Erfolg" ... (Ein Gründungsmitglied trat wegen dieser „perfiden Moral" vom Vorstand zurück.) Es gibt *keinerlei Beleg* für Schaden beim Verbraucher durch transgen erzeugte Produkte. Ob genverändertes Saat- und Pflanzgut die unendlich langsamen, spontanen Mutationen der Evolution vom rechten Weg abbringt, weiß kein Mensch. Lesen Sie im www. die aufgewühlten Debatten zu diesem Thema, auch zu „Papst + Genreis".

Meldungen über **verseuchte Lebensmittel** erreichen uns jedes Jahr: „Seveso"-Gift (Dioxin) in Eiern, Herbizide in Trauben, Antibiotika in Hühner-, Hormone in Kalbfleisch. Der letzte Schrei war 2016 Glyphosphat im seit 500 Jahren reinen Bier! Ist Ernährung riskant? Die DGE sagt: Es bestehe kein Akut- und kein Langzeitrisiko, auch wenn man „gelegentlich" belastete Nahrungsmittel verzehre. Vor einigen Jahren wurden 156 Lebensmittel (16.000 Proben) auf 674 Stoffe untersucht. Bei Getreide gelang in 70 % der Proben kein Nachweis eines

Rückstands, 2 % lagen gering über der Grenze. Tierische Produkte waren zu 50 % sehr gering behaftet, selten wurde in Milch mehr **Lindan** als erlaubt gefunden. Einige Obst- und Gemüsesorten waren zu 50 % gering belastet, vor allem Feldsalat, Paprika, Trauben und Erdbeeren, meistens aus Importware. In 400.000 Analysen auf **Arzneimittel** in Fleisch oder Wurst waren 0,2 % positiv, bei Bioprodukten 0 %. In Bio-Obst oder -Gemüse fand sich weniger **Pflanzenschutzmittel** als in konventionellem, kein Unterschied ergab sich für PCB, die polychlorierten Biphenole und Dioxin. Kritiker sagen, die Höchstgrenzen seien *willkürlich* festgelegt, Langzeit-Effekte seien daher nicht ausgeschlossen. („Nicht ausschließbar": *das* immunisierte Argument gegen alles.) Da niemand an sich selbst toxikologische Experimente anstellen lässt, wird häufig ein Tausendstel der im Tierversuch kritischen Dosis als verträglich für Menschen angesetzt. – Die Masse der Verbraucher vertraut indes auf die Professionalität derer, die in Deutschland für die Sicherheit und Überwachung der Lebensmittel zuständig sind. Dem „Risiko Nahrung" kann nur entkommen, wer sich verhungern lässt. Trotz Rückständen gilt: Das Schädlichste am Essen ist für Kranke stets das „zu wenig", für Gesunde das „zu viel" – Toxikologie hin oder her!

Moral (lat. mos/moris) oder Ethik (grch. ethos) bedeuten dasselbe: das sittlich Gute. Was das ist, wird nur von uns Menschen festgelegt. Von wem auch sonst? Moral ist von Kultur zu Kultur verschieden, in lebendigen Gesellschaften wie der unseren aber veränderlich: Was gestern verwerflich war, kann heute geboten sein – oder umgekehrt! Kants Probierstein, der „Kategorische Imperativ", muss auch auf Moral-Regeln angewendet werden. Er soll jedem durch den Kopf gehen, bevor er moralisieren will.

In Deutschland und in allen anderen Staaten mit höchst entwickelter Medizin lautet die höchste, also schwierigste essensmoralische Frage: **Wann darf die künstliche Ernährung eines Kranken *beendet* werden?** Es ist eindeutig leichter, eine Behandlung anzufangen, als sie zu beenden. Jede Therapie muss fragen lassen: Welche Gründe habe ich für die gedachte Behandlung? Gibt es ein umrissenes Ziel? Darf ich guten Gewissens die Therapie beenden, wenn das Ziel nicht erreichbar ist? Wie ist die Prognose mit oder ohne Behandlung? Wird die Lebensqualität unzumutbar beeinträchtigt durch mein Tun? Diese Fragen sind auch an die Ernährungstherapie zu richten. Die ganz alten Ärzte folgten in weiser Selbstbeschränkung dem Grundsatz „Primum non nocere!" (Vor allem: nicht schaden!). Lange galt auch der Leitspruch „Salus aegroti suprema lex!" (Das *Wohl* des Kranken ist oberstes Gesetz!). Das Wohl bestimmte aber der kundige Arzt allein. Heute ist eine der wichtigsten Normen der Medizin: **Allein der Wille des Kranken zählt!** Das ist die Theorie, denn: Das gilt nur, solange er „geschäftsfähig" ist! Jeder Patient ist über medizinische Entscheidungen umfassend aufzuklären, und er muss ihnen zustimmen, sonst darf man ihn nicht einmal anrühren. Schweres, in Deutschland vermintes Gelände ist die auf die Zukunft gerichtete Zustimmung oder Ablehnung medizinischer Maßnahmen, zu gesunden Zeiten in einer *Verfügung* festgeschrieben. Jede um „Leben oder Tod" kreisende Grenzsituation ist einzigartig. Sie wird *niemals* in noch so wohlbedachte Sätze einer **Ethikkommission** oder vom Bundestag beschlossener Gesetze zu fassen sein. Erst recht gelingt das seit Sommer 2016 fast nicht mehr (s.u.) durch eine **Patientenverfügung**. Die Fragen bleiben auch hier die immer gleichen, aber die Antworten fallen immer schwerer. Trotzdem muss man eine Linie halten: In Kenntnis der medizinischen Möglichkeiten und des vermutlichen Verlaufs seiner Krankheit, mit oder ohne Behandlung, muss der Kranke seine Wahl selbst treffen. Kann er das nicht, wird ihn der Arzt nach bestem Wissen und Gewissen behandeln, bis er Kenntnis von einer Verfügung hat oder ein Betreuer bestellt ist. Meistens bilden Verfügungen nicht die konkrete Situation ab, in die der Kranke geraten ist. Betreuende Angehörige folgen meist dem Rat des Arztes, selten haben sie verborgene Eigeninteressen und Motive (Erbe etc.). Studien haben gezeigt, dass alle Gesunden wünschen, „bloß nicht sinnlos gequält zu werden", dass aber bei tatsächlichem Eintritt des Befürchteten der Wille, weiter zu leben, bei vielen doch wieder hervorbricht. Nach meinem Dafürhalten sollte ein erfahrener, humanistisch (also *nicht religiös*) geprägter Arzt zusammen mit dem Kranken und seinen Angehörigen einen für alle gehbaren Weg finden. Wenn der Patient nicht mitreden kann oder wenn seine Angehörigen bzw. sein Betreuer (oder, seit 2016, die Rechtsabteilung des Pflegeheims ...) entschieden andere Vorstellungen als der Arzt haben, dann ist *gerichtlich* über das Vorgehen zu entscheiden. Bis dahin wird der Arzt, auch wenn es seiner gefestigten Haltung tief widerstrebt, alle Register ziehen *müssen* (!), um sich nicht dem Vorwurf „Unterlassene Hilfeleistung!" auszusetzen. Bei offener Prognose muss er sich immer *für* Ernährung entscheiden.

Bei irreversiblem Verlauf, etwa wegen **Muskeldystrophie** oder ALS, muss der Kranke zeitig seine Prognose erfahren, damit er in Ruhe entscheiden kann. Ist jemand von schwerer **Demenz** betroffen und verweigert die Nahrung und drängt das Pflegeheim zur PEG, dann darf der Arzt sie mit Recht ablehnen, denn Lebensqualität und -zeit werden durch die PEG *nicht* verbessert. Aber viele Ärzte haben keine Lust auf eine Debatte mit Angehörigen oder Heimleitern und legen sie doch. Im **Endstadium einer Krankheit**, meist trifft es Tumorkranke oder Hirnverletzte, sind gute Pflege und menschliche Zuwendung viel angebrachter als irgendeine Ernährung: Schon die nasale Sonde kann eine *Zumutung* sein. Durst oder Hunger empfindet der Todkranke nicht mehr. Wird wegen Psychosyndroms oder schwerer **Depression** alle Ernährung abgelehnt, wird man, wenn die Prognose auch nur einigermaßen gut ist, für „Zwangsernährung" (mit Gerichtszustimmung) plädieren, so grauenvoll das für beide Seiten ist; denken Sie einmal zurück an 1978 und die Bader-Meinhof-Häftlinge. 2017 wurde Gesetz, dass eine Zwangsbehandlung psychisch Kranker auch außerhalb einer geschlossenen Psychiatrieeinrichtung erfolgen darf.

*Einige Länder gehen sehr freizügig mit dem **Recht auf selbstbestimmtes Sterben** um; in Belgien haben sogar Jugendliche ein Anrecht auf assistierten Suizid, die Selbsttötung mit Beihilfe. In Deutschland dagegen wirkt die Erinnerung fort an die systematische Tötung „unwerten Lebens", deren „Freigabe" schon 1920 von sog. Rassehygienikern gefordert wurde. Hunderttausende geistig oder körperlich Behinderte wurden später Opfer des nationalsozialistischen Verbrecherregimes: Sie wurden kaltblütig umgebracht. Vor diesem Hintergrund spielt sich in Deutschland seit Jahren eine beklemmende Auseinandersetzung ab zur Frage: Wie wird eine Patientenverfügung rechtswirksam formuliert? Diese Debatte hat mit einem BGH-Urteil von 2016 einen vorläufigen (m.E. traurigen) Höhepunkt gefunden. Die Entscheidung (AZ XIIZB 61/16) machte den kleinen Anflug menschlicheren Umgangs mit diesem schwierigen Thema wieder zunichte, den eine andere Kammer des BGH im Jahr 2009 (AZ 2 StR 454/09) geweckt hatte. Nun hat (wieder) das Landgericht Fulda das Wort „in der Sache RA Wolfgang Putz". Das Drama, auf dem diese Urteile fußen, sollten Sie im Detail nachlesen, die o.a. Quellen und der Name Putz helfen Ihnen, alles im www. zu finden.*

Der angesehene Lehrbeauftragte der LTU München für Recht und Ethik in der Medizin, der Rechtsanwalt Wolfgang Putz, wurde 2009 zu neun Monaten Haft auf Bewährung verurteilt, weil er der Tochter einer seit Jahren in erbarmenswertem Zustand dahinsiechenden 76 Jahre alten Frau geraten hatte, die PEG abzuschneiden, um deren Verfügung „keine lebenserhaltenden Maßnahmen" endlich zu verwirklichen. Die Tochter tat wie ihr geheißen, auch, weil schon zuvor mit dem Pflegeheim verabredet war, auf künstliche Ernährung zu verzichten. Die Tat, mit der das Personal nicht gerechnet hatte, wurde der Rechtsabteilung des Heims gemeldet, die auf Fortsetzung der Ernährung bestand und die Kranke zur PEG-Neuanlage in eine Klinik schickte; dort starb sie zwei Wochen später eines „natürlichen" Todes. Das Heim sowie eine weitere Tochter, der ihre Geschwister wegen „Untätigkeit im Sinn der Verfügung" die Betreuung hatten entziehen lassen, gingen vor Gericht. Die Täterin blieb straffrei, ihr Anstifter wurde verurteilt, wenn auch auf das mildeste Strafmaß. Sein Stolperstein war, aus Sicht der Kritiker des Urteils, eine juristische Spitzfindigkeit: Obwohl jeder Laie heute weiß, was „lebenserhaltende Maßnahmen" sind, hielten die Richter am BGH diese Formulierung für nicht ausreichend konkret; man habe an ihr nicht einmal den *mutmaßlichen Willen* der Kranken ablesen können! Die PEG abschneiden habe deshalb bedeutet, sich über die Verfügung hinwegzusetzen, und das sei strafbar. (Als ob Ärzte, *die* Adressaten einer Verfügung, nicht wüssten, was das Leben erhält!) Jetzt soll das zuerst urteilende Landgericht erkunden, ob nicht doch Anhalt für einen mutmaßlichen Willen zu finden ist ... Offenkundig hat der BGH keine Vorstellung von dem, was in Deutschlands Krankenzimmern Tag für Tag der Fall ist. Die Richterinnen und Richter hatten nicht den *persönlichen* Mut, auch den Anwalt (der ja *nicht* der Täter war) freizusprechen. Hätte auch nur einer der Richter so existieren wollen wie die „Klägerin"? Wäre der Verzicht auf *jegliche* Strafe zum „Dammbruch" geworden, hin zu belgischen Verhältnissen? Das wollte sich natürlich niemand vorwerfen lassen.

Das nachempfindend und selbst urteilend, sollte jeder Erwachsene alle paar Jahre seine Haltung neu wägen, mit Angehörigen darüber sprechen, einen Besinnungsaufsatz dazu verfassen und ihn seiner (besser *doch* verfertigten) Verfügung beigeben. Dem Geforderten nahe kommende Muster sind über diverse Quellen beziehbar. Viele gebildete und lebenskluge Menschen befassen sich in Zirkeln und Vereinen wie der „Deutschen Gesellschaft für humanes Sterben" mit diesen schwierigen letzten Fragen. Die Antworten dürfen nicht den Juristen allein überlassen bleiben. Uns Menschen bleibt nur die Einsicht, sterben zu müssen und Demut zu üben. Das wurde, wie fast alles heute scheinbar Neue, bereits in der Antike erkannt: Jedem siegreichen Heerführer ging damals beim Triumphzug durch Rom ein Sklave hinterher. Er rief ihm unablässig zu: „*Memento te moriendum esse!*" – Bedenke, auch du wirst sterben müssen! Das hallt, verkürzt, bis heute nach: ***Memento mori!***

In Deutschland sind die Firmen Abbott, Braun, Fresenius, Hipp, Nestlé und Pfrimmer die etablierten Hersteller von **Trink- und Sondennahrung.** *Die u.a. Auswahl ist groß, aber zufällig. Der Hersteller ist durch den ersten Buchstaben abgekürzt. Alle Produkte tragen das ^R als schützendes Zeichen, es wurde hier nicht angefügt. Die Reihung folgt dem Alphabet des Produktnamens. Eine Zeile ist frei zum Eintrag Ihrer Hausmarke, so weiß man die Namen bald auswendig. Trinknahrung gibt es in vielen Geschmacksvarianten. Trinknahrung kann man auch über Sonde zuführen, aber Sondennahrung kann man nur theoretisch trinken, denn praktisch schmeckt sie grauenhaft.*

Standard-Trinknahrung: meist 1,5 kcal/ml; für Stoffwechsel-Gesunde
....

Ensure Plus Drink (A).
Fortimel Compact/- Fibre (P).
Hipp Trinknahrung „Pute, Mais" (H).
Resource soup (N).

Hochkalorische Trinknahrung: 2 kcal/ml, selten auch 2,5 kcal/ml
....

Fortimel energy/- multifibre (P).
Fresubin 2 kcal DRINK/- fibre DRINK (F).
Nutricomp Drink Plus (B).

Trinknahrung bei *komp.* **Niereninsuffiz.:** hochkalor., eiweiß-, phosphatarm.
....

Fresubin renal (F).
Nepro Drink Vanille (A).
Renilon 4.0 (P).

Trinknahrung für Dialysepat.: hochkalorisch, rel. eiweißreich, phosphatarm.
....

Renilon 7.5 (P).
ReNutritioner (B).

Trinknahrung für Diabetiker: mit Ballaststoffen; Nutzen nicht belegt.
Diben Drink Diabetes (F).

Spezial-Trinknahrungen: nur in der Klinik; GKV erstattet fast nie:
Leberzirrhose: *Fresubin Hepa Drink (F).*
Dekubitus, Eiweißmangel: *Cubitan (P). Resource Protein (N).*
Milcheiweißallergie: *Calagen (P). Hipp Trinknahrung „... milcheiweißfrei" (H).*
Niedermolekulare Trinknahrung.: *Calagen (P). ProvideXtra DRINK (F).*
Immunonutrition: *Oral IMPACT Drink (N).*

Ab hier geht es um (SK) Sondenkost:

Standard-SK, 1 kcal/ml: 1.500 ml/d deckt Mikronährstoffe; ohne/mit Ballastst.

....

Fresubin 1500 complete (F).
Jevity (A).
Nutricomp standard/- fibre (B).
Nutrison standard/- multifibre (P).

Hochkalorische SK: meist **1,5 kcal/ml**. „Mehr Kalorien – weniger Wasser".

....

Fresubin 2kcal HP/- fibre (F).
Nutricomp energy (B).
Nutrison energy/-fibre (P).

Niederkalorische SK: 0,5 bzw. 0,75 kcal/ml.; Minimalernährung, Kostaufbau.

....

Intestamin (F).
Nutrison advanced L.EN (P).
Nutrison pre (P).

SK für Diabetiker: lt. Leitlinie kein Zusatznutzen; GKV bezahlt daher nicht.
Fresubin Diben (F).
Nutrison advanced Diason (P).

SK bei kompens. Niereninsuff.: 2 kcal/ml; wenig Eiweiß, Phosphat, Kalium.

....

Fresubin renal (F).
Renilon Pulver (P).
Suplena (A).

SK bei dialysepflichtiger Niereninsuffizienz: 2 kcal/ml; relativ eiweißreich.

....

Nepro (A).
Nutrison concentrated (P).

Niedermolekulare SK: Kurzdarmsyn., Strahlenenteritis, Kolitis, ggf. bei PEJ.

....

Nutricomp Peptid (B).
Nutrison advanced Peptisorb (P).
Peptamen AF (N).
Survimed OPD (F).

SK bei hepat. Enzephalopathie: viel verzweigtkettige AS; eiweißreduziert
Fresubin hepa (F).
Nutricomp Hepa (B).

Immunonutrition: viel Glutamin, n-3-FS, Nukleotide, Vitt. C und E, Selen.
Intestamin (F).
Nutricomp Immun (B).
Oxepa (N).

SK bei Milcheiweiß-Allergie: Proteine aus *Soja*; nicht bei Erdnuss-Allergie!
....
Fresubin Soya fibre (F).
Nutrison Soya/- multifibre (P).

Diverses: glutaminreich; „Decubitus"; proteinreich. Strenge Indikation!
....
Adamin G (P). Nutrison advanced Cubison (P) Nutrison Protein plus (P)

*Für **Infusionen und Nährlösungen** halten acht Hersteller halten fast den gesamten deutschen Markt: AlleMan Pharma (A), Baxter (Bx), Berlin Chemie (Bl), Braun (Br), Eifelfango (E), Fresenius Kabi (F), Köhler (K) und Serumwerke Bernburg (Bb). Auch hier ist die Auswahl subjektiv. Die Reihenfolge richtet sich nach der „Eskalation" der parenteralen Ernährung.*

Isotonische Kochsalzlösung 0,9 %: kaliumfrei; sauer, viel Natrium/Chlorid.
Isotonische Kochsalzlösung 0,9 % (Bb, Bx, E, F).

Vollelektrolytlösung: Volumenmangel. Ohne Puffer heißt: zu viel Chlorid!
....

Ohne *Puffer: Ringerinfusionslösung (Br). Ringerlösung (Bx)*
Mit *Azetat: Jonosteril (F). Ringerazetat-Lösung (Bx).*
Mit *Laktat: Ringerlaktatlösung (Bl, Br, Bx, F)*

Vollelektrolytlösung + Glukose 5 %: minimale Ernährung für < drei Tage.
....

Deltajonin G (A).
Sterofundin VG 5 (Br).
Sterofundin BG 5 (Br).

Spurenelemente/seltene Elektrolyte: Co, Cr, Cu, Fe, J, Mg , Mn, Se, Zn.
....

Addel N (Bx).
Tracitrans plus (F).
Tracutril (Br).
Inzolen infusio E (K).

Glukose + Aminosäuren + Elektrolyte: peripher-hypokalorische Ernährung.

....

Aminoven   *3,5 % GE (3,5 % AS, 5 % Glukose; F).*
Clinomix   *3,5 % GE (3,5 % AS, 10 % Glukose; Bx).*
Periplasmal 3,5 % XE (enthält 5 % Xylit; Br).
Salviamin 3,5 % GE (3,5 % AS, 5 % Glukose; Bx).

Fettemulsionen: „eigene" Vene; lange Infusion; möglichst nicht via Port.

....

ClinOleic   20 %   (250-350-500 ml; Bx).
Lipofundin 20 % und Lipofundin MCT 20 % (250-500 ml; Br).
Lipovenös   20 % und Lipovenös MCT 20 %   (100-250-500 ml; F).

Glukoselösung bzw. Glukose + Elektrolyte; max. 10 % Gluk. von peripher.

....

Glukose 5 % bis Glukose 70 % (A, Bb, Bl, Br, Bx, F)
falls „E" an den Grundnamen angehängt: mit Na, K, Cl, P u.a.

Aminosäuren (Standardlsg.): > 3,5 % per ZVK! „E" / „plus": mit Elektrolyten.

....

Aminoplasmal 10 % E (Br).
Aminosteril plus (F).
Deltamin 15 % (A).
Aminofusin 5 % Hepar (Bx): Sonderindikation hepatische Enzephalopathie.

„All in one"-Komplettlösungen: Vitamine/Spurenelem. ggf. zuspritzen.

....

Von peripher, ca. 700 kcal/l:
Kabiven peripher (F).
NuTRIflex Lipid peripher (Br).
Olimel 2,5 % E (Bx);

über ZVK, ca. 1.100 kcal/l:
NuTRIflex Lipid plus (Br).
Kabiven zentral (F).
SmofKabiven zentral (F): Soja-, MCT-, Oliven-, Fisch-Öl bzw. Fette im Mix

Elektroyte, Spurenelemente, Vitamine: Kompatibilität prüfen (AIO-Lsgg.!).

....

Addel (El./Sp.-El.; Bx).
Tracitrans plus (El./Sp.; F).
Tracutil (El./Sp.; Br).
Cernevit (alle Vitamine außer K; Bx).
Frekavit fettlöslich („ADEK"; F).
Frekavit wasserlöslich (übrige Vitt.; F).

Notizen

Zeitfracht Medien GmbH
Ferdinand-Jühlke-Straße 7
99095 Erfurt, Deutschland
produktsicherheit@kolibri360.de